Nous tenons à remercier Daniel Ariagno, Jacques Blondel et Emmanuelle Dova pour leur contribution à la réalisation de cet ouvrage.

Les auteurs

Christian Couloumy a été chef de secteur au Parc national des Écrins durant plus de quarante ans. Passionné de montagne, il s'intéresse plus particulièrement aux grands rapaces, parmi lesquels l'aigle royal, dont il est devenu l'un des spécialistes. Cette passion et son métier l'ont amené à coordonner des programmes de suivi nationaux et internationaux (aigle royal, gypaète barbu, vautour fauve). Auteur de plusieurs ouvrages sur la faune montagnarde, il contribue à la connaissance et à la protection de la nature grâce à son implication dans des actions de communication. Il collabore notamment à plusieurs émissions sur France Inter, dont *CO_2 mon amour*, auprès de Denis Cheissoux.

Jean-François Desmet, docteur en écologie, est directeur du Groupe de recherches et d'informations sur la faune dans les écosystèmes de montagne. Depuis plusieurs décennies, il conduit des recherches sur le lagopède alpin dans les Alpes, partageant son temps entre la toundra alpine, qu'il parcourt à longueur d'année et les rencontres scientifiques. Les vertébrés de montagne, notamment les reptiles, les amphibiens et les chauves-souris, auxquelles il consacre de nombreuses nuits, n'ont aucun secret pour lui. Mais ses compétences et sa passion pour la nature s'étendent bien au-delà, et il porte un regard attentif sur toute la vie sauvage de sa chère vallée du Giffre.

Couvent Sainte-Cécile
37, rue Servan
38000 Grenoble
www.glenatlivres.com

Dépôt légal : avril 2016
ISBN : 978-2-344-01440-0

Christian Couloumy | Jean-François Desmet

Animaux des montagnes

Glénat

Sommaire

Marmotte mascotte ! Que serait la montagne d'été sans ces sympathiques animaux ? Il faudrait se contenter de les observer... et s'abstenir de les nourrir !

Rencontres

Le randonneur curieux pour qui la marche n'est pas un simple exercice physique, ni la montagne un terrain de sport, va pousser la porte d'un autre monde. Un univers timide et rude l'attend. Tout le long de son parcours, le fameux *«petit peuple de poil et de plume»*, comme l'écrivait Samivel, le regarde passer. Blottis ou perchés, grognant ou tremblant, déguerpissant ou intrépides, ils évaluent l'intrus. Lui a mille pensées en tête, les pensées du marcheur. Mais il y songe, cheminant paisiblement, il se dit que peut-être, là, devant, juste après la bosse, il y aura... on ne sait jamais! Il n'en est pas vraiment sûr, mais il espère à chaque pas.

La rencontre dépendra un peu de lui, la qualité de ce moment privilégié beaucoup plus.

Il sait qu'il est ici chez eux, qu'il doit en premier lieu se conduire en invité respectueux, se fondre dans le décor, se faire tout petit... bref, se faire oublier. Il a appris que l'on entendait mieux en écoutant, que l'on voyait mieux en regardant. Alors, il est attentif, prêt à recevoir les discrets messages codés : un petit cri, une branche qui craque, une ombre qui passe, un trou dans un arbre, un jaillissement soudain qui laisse le cœur battant... L'expérience lui a montré que la nature faisait toujours un cadeau. Il ne sait ni quand, ni où, ni quoi... La surprise! Ce livre est constitué d'une série de ces rencontres, de ces cadeaux.

Montagne, la troisième dimension

La montagne se distingue des plaines par une troisième dimension : l'élévation au-dessus du niveau de la mer. Les scientifiques ont pu mesurer les effets produits par cet élément vertical supplémentaire. La tyrannie de l'altitude qui sévit sur les climats locaux se traduit par des modifications importantes, brutales parfois. La température, le vent, le rayonnement solaire, l'aridité, le manteau neigeux... autant d'épreuves que les animaux sauvages doivent affronter.

Résistants au froid, les bouquetins peuvent passer toute l'année au voisinage des sommets. Ne pas se fier à sa silhouette trapue : le bouquetin est un champion dans la catégorie des randonneurs du vertical!

La température

En règle générale, plus on monte, plus il fait froid. La température baisse d'environ 1 °C tous les 150 m de dénivellation ; c'est le gradient thermique.

Les paysages montagnards du printemps l'illustrent parfaitement. Tandis que la neige persiste sur les sommets, c'est la pleine floraison dans les vallées. Paradoxalement, on connaît en hiver des situations étonnantes où il fait meilleur en haut qu'en bas (l'inversion de température). Depuis le fond glacial de vallée, on envie alors les chamois se réchauffant sur les crêtes… Enfin, les écarts de température entre le jour et la nuit peuvent être considérables.

Le vent

Chacun sait qu'il y a plus de vent sur les sommets. Les recherches menées pour implanter des parcs éoliens l'ont mesuré : il y a quatre fois plus d'énergie à récolter à 800 m d'altitude qu'à 80 m. On imagine à 3 000 m ! Outre l'action mécanique du vent sur les objets (il peut soulever des pierres parfois !), il accentue l'impression de froid, et favorise l'évaporation, donc le dessèchement. Le vent, qui génère du bruit et transporte les sons, altère les signaux acoustiques dont dépend la sécurité de nombreuses espèces. Il en découle pour elles une situation d'inquiétude et de nervosité, à laquelle l'homme n'est pas insensible non plus ; on dit bien que le vent rend fou !

L'aridité

Bien que les précipitations soient plus importantes en altitude qu'en vallée, l'air y est souvent beaucoup plus sec qu'ailleurs. L'eau disponible sous sa forme liquide est plus rare. C'est pour la végétation une contrainte telle qu'au-dessus de 3 000 m plus grand-chose ne peut pousser. Les herbivores reclus dans ces déserts de pierres sont condamnés à une certaine sobriété.

Le rayonnement

Les rayons solaires, moins filtrés, constituent une agression pour les cellules de la peau. Nous l'avons tous expérimenté au moins une fois à l'occasion de coups de soleil. En montagne, plusieurs espèces présentent des couleurs sombres, noires quelquefois (les formes mélaniques) dues à l'abondance de la mélanine dans les cellules épidermiques, pigment assurant un rôle d'écran protecteur.

Le manteau neigeux

Des précipitations plus importantes, un froid vif et durable favorisent l'installation et le maintien d'un manteau neigeux épais. Il peut, dans certains secteurs habités par les animaux en permanence, recouvrir le sol pendant plus de neuf mois. Dans ces conditions, la nourriture végétale est inaccessible à la plupart des herbivores contraints d'effectuer des déplacements pas toujours aisés... En effet, la jolie neige scintillante de nos cartes postales représente souvent un piège mortel pour une partie de la faune et un handicap pour l'accomplissement de certaines étapes de son cycle de vie. En même temps, la couche de neige est un abri idéal contre le froid et le vent...

Univers du vertige : le relief, l'exposition

Comme si la rudesse du climat ne suffisait pas à rendre la montagne hostile, il faut encore qu'elle soit abrupte ! La déclivité est cause de nombreux dangers, comme les chutes de pierres, les avalanches, les risques de tomber. Pour autant, si les pentes raides sont considérées à juste titre comme des obstacles, certains animaux ont su les apprivoiser et s'en faire des alliées. Parmi d'autres, les chamois et les bouquetins en sont d'élégants exemples. Les à-pics sont des refuges qui les mettent hors de portée de leurs ennemis, incapables de les suivre dans leurs parcours vertigineux. Le relief propose une diversité infinie de situations, de recoins, de cachettes, où la faune trouve à se dissimuler ou à nicher. Les grandes parois verticales, par exemple, apanage des régions montagneuses accidentées, permettent à de nombreux oiseaux d'installer leurs nids, inaccessibles aux prédateurs. C'est le cas pour certains grands rapaces, comme les aigles, le gypaète et les autres vautours. Le relief a aussi inventé l'adret et l'ubac, selon que le versant est exposé au soleil ou à l'ombre. La végétation s'en est accommodée, et, composant avec l'altitude, offre aux animaux des habitats d'une grande diversité. De la même façon, l'orientation des versants (appelée exposition) joue un rôle majeur sur la durée du manteau neigeux comme sur la précocité ou le retard du développement de la végétation. Les bêtes sauvages le savent bien et l'utilisent avec beaucoup d'instinct et d'efficacité : pâtures d'altitude en été, quartiers d'hiver au plus fort des intempéries, falaises réchauffées par le soleil de janvier...

Du montagnard à l'alpin : les étages de végétation

En montagne, quelques kilomètres de distance seulement séparent un sommet de plus de 3000 m du fond de la vallée. Sur une distance aussi courte, de nombreux « paysages » se succèdent. Ils correspondent à ceux que l'on rencontrerait lors d'un voyage menant des belles forêts de feuillus du centre de la France aux espaces désolés du cap Nord, soit près de 3000 km ! Cette succession de formations végétales distribuée principalement en fonction de l'altitude (pondérée par l'exposition) est appelée « étagement de la végétation ».

Dans cet ouvrage, la présence régulière des espèces animales selon les différents étages est signalée pour chacune d'entre elles. Un bon nombre est représenté dans plusieurs étages, d'autres sont plus spécialisées. Soit elles ne montent pas au-delà d'une certaine altitude, soit, au contraire, elles ne descendent pas en dessous. Les informations concernant la répartition altitudinale des espèces se réfèrent ici aux massifs montagneux, mais plusieurs espèces vivent également en plaine. L'alternance des espaces ouverts (prairies, pelouses, etc.) et des zones fermées (bois, forêts, broussailles) augmente le nombre d'habitats disponibles pour la faune dans chacun des étages. Les indications d'altitude, associées aux différents étages sommairement décrits ci-dessous, dépendent de la localisation géographique et de l'exposition des versants. Elles peuvent en effet varier sensiblement d'un massif à l'autre, comme d'un versant sud à un versant nord.

L'étage montagnard (1000-1600 m). C'est le domaine des forêts de feuillus, des cultures, des villages. On trouve des conditions climatiques et de végétation semblables à celles des régions froides de plaine.

L'étage subalpin (1600-2300 m). C'est l'étage des forêts de résineux. Les essences dominantes sont différentes selon les massifs : mélèze, pins, sapin, épicéa.

L'étage alpin (2300-3000 m). Appelés toundra alpine, il s'agit d'espaces ouverts, plus ou moins couverts de végétation basse, ligneuse ou non, et de lichens. Les affleurements rocheux sont fréquents sous la forme d'éboulis, de dalles ou de lapiaz. Des névés peuvent persister toute l'année dans des combes et des couloirs ombragés des versants nord.

C'est à la limite supérieure des forêts de l'étage subalpin que les tétras lyres se livrent à leurs fameux combats.

L'étage nival, celui des fameuses neiges éternelles, au-dessus de 3000 m, est normalement impropre à la vie. Quelques rares cas d'occupation ont été signalés. Ils relèvent de l'exception et du record !

Vivre en montagne : l'altitude

Chaque espèce animale a dû mettre en œuvre des stratégies adaptées pour survivre dans les conditions difficiles du milieu montagnard. Les plus spectaculaires concernent les espèces d'altitude, qui vivent plus ou moins longtemps aux confins de l'étage alpin et de l'étage nival. Ces animaux de l'extrême ont trouvé des solutions, qu'il s'agisse d'adaptations morphologiques, physiologiques, ou de modifications comportementales. Les quelques exemples qui suivent illustrent ces phénomènes.

Couleur

Parmi les stratagèmes peaufinés au fil des millénaires, l'un des plus efficaces pour se cacher est de se fondre dans le milieu grâce à sa coloration ; c'est l'homochromie. Quand, par exemple, tout est recouvert de neige, le blanc est de rigueur. C'est donc revêtus de cette couleur que le lagopède, l'hermine et le lièvre variable traversent l'hiver. La mue est déclenchée par la durée relative du jour et de la nuit. Elle se produit à peu près en même temps chez les trois espèces : apparition du blanc à la mi-octobre, retour à la tenue d'été à la mi-avril.

À l'inverse, grâce à la concentration d'un pigment (la mélanine) à la surface de la peau, le noir prévient des excès du soleil tout en facilitant le réchauffement du corps. De telles formes sombres se retrouvent surtout en altitude comme chez la vipère aspic.

Déplacements

Qu'il soit question de gambader sur la neige poudreuse ou de tenir debout dans les pentes d'herbe abruptes, les solutions ont été trouvées. Le lagopède alpin et le tétras lyre, qui évoluent plusieurs mois chaque année dans la neige, ont les pattes encore plus emplumées en hiver, ce qui augmente leur surface de portance, leur permettant ainsi de ne pas trop s'enfoncer.

Quant aux acrobates des parois que sont les chamois et les bouquetins, ils disposent de sabots aux arêtes saillantes pour les revêtements friables et d'un « talon » mou et adhérent pour évoluer sur les dalles de rocher. La vitalité des premiers et la maîtrise des seconds font le reste.

Alimentation

La disponibilité alimentaire en hiver suffit tout juste au maintien de la vie. Rare et de maigre valeur énergétique, la végétation est difficile d'accès. Des études sur le tétras lyre ont révélé des résultats édifiants. Quand il gèle, le métabolisme d'entretien de cet oiseau nécessite environ 500 g de nourriture par jour (aiguilles de résineux, feuilles de myrtille...), et il n'a pas la capacité d'en consommer des quantités suffisantes. Il doit donc réduire ses dépenses d'énergie, se déplacer au minimum et limiter les déperditions de chaleur. Comme ses cousins tétraonidés (gélinotte, lagopède, grand tétras), il est capable de digérer les parties ligneuses (en bois) de son alimentation pour en tirer quelques calories supplémentaires. Il reste de ces repas frugaux de petits tas de crottes, souvent seuls indices témoignant de la présence de l'espèce.

Isolation thermique

Le champion toutes catégories de l'altitude et de la résistance au froid dans les montagnes d'Europe est le lagopède. Il dispose de tout l'équipement indispensable à la pratique de la haute montagne. Chacune de ses plumes est doublée d'un duvet, ses pattes sont emplumées jusqu'aux griffes, il se laisse recouvrir par la neige, excellent isolant... Sans être aussi performants, tous les animaux changent aussi de plumage ou de pelage pour être prêts à affronter le froid comme le chaud dans les meilleures conditions.

Reproduction

La durée de la période favorable à la reproduction est beaucoup plus réduite en montagne qu'en plaine. La neige s'invite souvent, recouvrant alors les femelles de certaines espèces d'oiseaux sur leur nid. On a montré que les embryons dans les œufs de la niverolle sont capables de se développer à une température inférieure de quelques degrés à celle des autres espèces.

Les sizerins, en montagne, peuvent quant à eux couver moins longtemps qu'en plaine (neuf jours au lieu de treize), s'affranchissant ainsi plus vite des aléas climatiques. En altitude, certains reptiles et certains amphibiens mettent au monde des jeunes complètement formés (viviparité ou ovoviviparité) là où des œufs pondus n'auraient eu que peu de chance d'éclore.

Hivernage

Face à l'hiver, les animaux n'ont pas tous opté pour la même stratégie. Certains quittent totalement la région et migrent plus ou moins loin vers le sud. D'autres se contentent de descendre dans la vallée, à quelques kilomètres seulement de leurs cantons d'été : ils pratiquent une transhumance. Les marmottes, quant à elles, hibernent six mois au fond de leurs terriers, toutes fonctions au ralenti, tandis que les campagnols poursuivent leurs activités entre terre et neige et que les cassenoix vivent de leurs réserves dissimulées çà et là...

Ces stratégies mises en œuvre pour faire face aux particularismes de la montagne et de ses hivers se sont révélées efficaces... Ils ont réussi ! La montagne est devenue leur domaine, au fil des générations, au prix de nombreux sacrifices. Un équilibre fragile a été trouvé.
Cependant, des incertitudes se profilent à l'horizon. La modification du climat de la planète n'est aujourd'hui plus mise en doute. Son impact sur la montagne pourrait bien se traduire, à moyen terme, par une réduction considérable des zones d'altitude favorables à certaines espèces dont c'est le seul refuge. L'avenir des plus spécialisées, comme le lagopède alpin, est incertain.

L'abécédaire des animaux de montagne proposé dans ce livre révèle un peu des mystères de la vie sauvage. Il tient à chacun, randonneur curieux ou observateur contemplatif, de vivre d'émouvantes expériences en montagne à la rencontre d'animaux libres, en gardant à l'esprit qu'on leur doit simplement le respect.

Peu avant leur retrait hivernal, les marmottes amassent des matériaux pour boucher leurs terriers.

L'accenteur alpin

Sur les rochers du col ou sur la terrasse du refuge, quelques petits oiseaux gris picorent au sol, indifférents au monde qui les entoure. Bien qu'ils aient un air de famille, ce ne sont pas des moineaux. En y regardant de plus près, on distingue un bec fin et, surtout, de belles flammèches rouille sur les flancs. Les accenteurs alpins appartiennent au groupe très élitiste des oiseaux d'altitude. Ils ont besoin de grands espaces ouverts, recouverts de l'herbe et des cailloux de la toundra alpine. En hiver, ils quittent les hauteurs quand les conditions sont trop mauvaises et font alors leur apparition dans les villages. Ils peuvent transhumer ainsi jusque dans le Midi de la France.

Nom scientifique : *Prunella collaris*. **Famille :** prunellidés. **Longueur :** 18 cm. **Poids moyen :** 30 g. **Habitat :** toundra alpine, rocailles. **Altitude :** alpin. **Répartition :** tous massifs sauf Ardennes.

L'accenteur alpin dissimule son nid dans la toundra alpine jusqu'à plus de 3000 m d'altitude.

L'aigle royal

Un cri strident, unique, a mis l'alpage en alerte : une marmotte vigilante vient de signaler l'intrusion d'un aigle. Au ras du versant, là-haut, une silhouette immense suivie de son ombre glisse en épousant le relief. Se détachant maintenant de la paroi, le grand rapace se découpe sur le bleu du ciel et engage une série de cercles qui vont le propulser en altitude. L'aigle royal règne en couple sur un vaste territoire où il dispose de plusieurs aires. Il les utilise plus ou moins régulièrement selon les années. Le couple élève en général un jeune, qui s'envole fin juillet. Dès la fin de l'année, cet aiglon est chassé du territoire par ses parents. Commence alors pour lui une longue période d'errance…

Nom scientifique : *Aquila chrysaetos*. **Famille :** accipitridés. **Longueur :** 80 cm. **Envergure :** 1,90-2,20 m. **Poids moyen :** 3-6 kg. **Habitat :** falaises, zones ouvertes. **Altitude :** montagnard, subalpin, alpin. **Répartition :** Alpes, Pyrénées, Corse, Massif central, Jura.

Au plus fort de l'hiver, l'aigle doit parfois supporter des jeûnes de plusieurs jours.

Le bec-croisé des sapins

Toujours en groupes bruyants plus ou moins nombreux, les becs-croisés sont sans cesse en déplacement. Ils se posent de temps à autre, et, avec un peu de chance, on peut se retrouver entouré de cette bande joyeuse. Peu farouches, ils se laissent parfois approcher à quelques mètres, puis s'envolent tout à coup vers d'autres destinations dans la forêt de résineux. On les trouve souvent près de l'eau, où ils se désaltèrent, probablement en raison de leur régime alimentaire exclusivement granivore. Ils font usage de leurs mandibules croisées pour écarter les écailles des cônes. Ils peuvent ainsi saisir avec la langue la graine cachée avec beaucoup de précision. Les becs-croisés nichent très tôt, souvent au cœur de l'hiver.

Nom scientifique : *Loxia curvirostra*. **Famille :** fringillidés. **Longueur :** 16 cm. **Poids moyen :** 35 g. **Habitat :** forêts. **Altitude :** montagnard, alpin, subalpin. **Répartition :** tous massifs.

Les becs-croisés s'agrippent sur des murets ou contre certaines façades crépies de bâtiment, visiblement attirés par certains sels minéraux.

La bergeronnette des ruisseaux

Le hoche-queue jaune, autre appellation de la bergeronnette des ruisseaux, est bien nommé. En effet, la longue queue de cet oiseau est toujours en mouvement, battant la mesure de haut en bas. Toujours près des cours d'eau, aussi petits soient-il, cet élégant passereau se déplace en courant le long de la berge, décollant pour se reposer quelques mètres plus loin et se signalant par de fréquentes séries de cris aigus. La bergeronnette des ruisseaux ne s'éloigne guère en hiver. Même en montagne, elle reste fidèle à son petit territoire, quand l'eau avec un petit coin de verdure restent accessibles.

Nom scientifique : *Motacilla cinerea.* **Famille :** motacillidés. **Longueur :** 18 cm. **Poids moyen :** 20 g. **Habitat :** cours d'eau. **Altitude :** montagnard, subalpin. **Répartition :** tous massifs.

Le chant aigu de la bergeronnette des ruisseaux lui permet de se faire entendre par-dessus le brouhaha du torrent.

Le bouquetin des Alpes

Les bouquetins ont le pied sûr. Le vide leur est indifférent. Dans les pentes rocheuses les plus raides, ils évoluent lentement, mais avec une grande maîtrise. Les animaux vivent en groupes, mâles et femelles séparés. Tout au long de l'année, sur une vire étroite ou sur un replat herbeux, les mâles s'affrontent à grands coups de cornes, dont l'entrechoquement sonore porte loin. Trop chassé, le bouquetin des Alpes a frôlé l'extinction vers le milieu du XIXe siècle. C'est à partir de quelques rescapés retrouvés dans le massif du Grand-Paradis que sa réintroduction a pu être entreprise à travers l'Europe. À ce jour, la population du bouquetin dans les Alpes s'élève à environ 30 000 individus (4 500 en France).

Nom scientifique : *Capra ibex*. **Famille :** bovidés. **Longueur :** 1,10-1,70 m. **Hauteur au garrot :** 65-90 cm. **Poids moyen :** 35-140 kg. **Habitat :** pelouses, falaises et rochers, (forêts). **Altitude :** montagnard, subalpin, alpin. **Répartition :** Alpes.

Indifférents à l'abîme dont ils se jouent, les bouquetins poursuivent leurs joutes périlleuses que le rut stimule.

Pendant le rut, en décembre-janvier,
les mâles courtisent inlassablement
les étagnes... en oubliant de se nourrir !

À peine la place de poser huit sabots pour cette étagne et son cabri, mais qu'importe, les bouquetins maîtrisent !

Résistants au froid, les bouquetins peuvent passer toute l'année au voisinage des sommets.

Le bouvreuil pivoine

Dans le jardin, les arbres sont recouverts par la dernière neige du printemps. Un petit point rouge, insolite au milieu de tout ce blanc, attire le regard. Un coup d'œil dans les jumelles, et le point rouge devient un oiseau. Il s'agit d'un mâle de bouvreuil. Ce passereau robuste aux couleurs vives affectionne les forêts de feuillus au sous-bois dense. Amateur de bourgeons, il lui arrive au printemps de s'attaquer en bande aux arbres fruitiers et de commettre ainsi quelques dégâts. L'appel sifflé très doux du bouvreuil a quelque chose de mélancolique. La femelle ne porte pas les couleurs chatoyantes du mâle, discrétion oblige !

Grands amateurs de bourgeons, les bouvreuils résistent à l'hiver. Le rouge pivoine du mâle de bouvreuil (ci-contre) laisse place au brun-clair chez la femelle (page de droite).

Nom scientifique : *Pyrrhula pyrrhula*.
Famille : fringillidés. **Longueur :** 15 cm.
Poids moyen : 25 g. **Habitat :** forêts, rocailles. **Altitude :** montagnard, subalpin.
Répartition : tous massifs sauf Corse.

Le bruant fou

Parmi les touffes de calamagrostis argenté, belle graminée blonde des versants ensoleillés, on a du mal à localiser l'auteur de cris ténus si aigus qu'ils sont à peine audibles. Perché sur l'un des buissons d'églantine qui s'accrochent aux rochers, voici enfin le bruant fou, silhouette furtive à demie camouflée par les feuilles. Si les oiseleurs francophones l'ont affublé d'un nom aussi péjoratif, c'est en raison de la facilité qu'ils avaient à le capturer. Son nom anglais, *rock bunting* (bruant des rochers), lui convient beaucoup mieux !

Nom scientifique : *Emberiza cia*. **Famille :** embérizidés. **Longueur :** 16 cm. **Poids moyen :** 20 g. **Habitat :** landes. **Altitude :** subalpin, alpin. **Répartition :** Alpes, Pyrénées, (Corse), Massif central, Jura.

Le bruant fou trompe son monde
par ses cris aigus difficiles à localiser.

Le cassenoix moucheté

Dans les boisements d'altitude où domine l'arole (pin cembro), un oiseau monte la garde. Toute intrusion est signalée par son cri nasillard particulièrement reconnaissable. Le cassenoix moucheté a la taille du geai, dont il est un cousin proche. Il a développé une relation étroite avec son arbre fétiche. L'arole fournit les graines à l'oiseau, tandis que l'oiseau se charge de les replanter. Au moment de la fructification, en septembre, les cassenoix préparent l'hiver et stockent des provisions. Ils extraient des cônes les précieuses amandes et les cachent par petits paquets en les enfouissant un peu partout dans la forêt, mais ne les retrouvent pas toutes. Les graines oubliées vont ainsi germer et permettre le renouvellement et l'extension de la forêt. Le cassenoix n'est toutefois pas exclusivement lié à l'arole et s'accommode également d'autres essences telles que le noisetier ou l'épicéa par exemple.

Nom scientifique : *Nucifraga caryocatactes*. **Famille :** corvidés. **Longueur :** 32 cm. **Envergure :** 50 cm. **Poids moyen :** 180 g. **Habitat :** forêts. **Altitude :** subalpin. **Répartition :** Alpes, Massif central, Jura, Vosges, Ardennes.

Le cassenoix utilise régulièrement des plateformes (appelées forges) pour extraire les graines des cônes de pins cembros

Tous les printemps, le cerf perd ses bois. Ils repoussent avec des pointes (les cors, ou andouillers) chaque fois plus nombreuses (ici, un dix cors).

Le cerf élaphe

Le plus grand des ongulés présents en montagne fait un retour spectaculaire dans les Alpes. Le cerf élaphe s'est lancé à la reconquête des massifs forestiers, allant même jusqu'à côtoyer en été les chamois dans les alpages d'altitude. En septembre, au moment où le crépuscule prend possession de la forêt, le mâle lance ses râles puissants à l'intention de rivaux qui lui répondent au loin. C'est le fameux brame du cerf, qui donne lieu à des spectacles envoûtants. À la mauvaise saison, cerfs et biches sont souvent contraints de déserter l'altitude pour se réfugier dans les vallées. À la fin de l'hiver, les mâles perdent leurs bois, dont la repousse suit rapidement.

La période des amours est un moment fort de la vie des cerfs. Très impressionnant, le brame reste l'une des grandes voix de la nuit forestière.

Nom scientifique : *Cervus elaphus*. **Famille :** cervidés. **Longueur :** 1,60-2,60 m. **Hauteur au garrot :** 1,20-1,50 m. **Poids moyen :** 100-250 kg. **Habitat :** forêts. **Altitude :** montagnard, subalpin. **Répartition :** Alpes, Pyrénées, (Corse), Massif central, Jura, Vosges, Ardennes.

Le chamois

Symbole des terrains escarpés de la haute montagne, le chamois mérite bien sa réputation. Il est à son aise dans les pentes vertigineuses, les pierriers instables et sur les névés, où les jeunes chevreaux se livrent à de facétieuses cabrioles. Son habileté naturelle est associée à une tonicité exceptionnelle. C'est en bondissant qu'il se sort de nombreux faux pas. On a observé des individus sur les glaciers à plus de 3 500 m d'altitude. Pourtant, en dépit des aptitudes remarquables de cet ongulé à défier le vertige et à apprivoiser les plus hautes cimes où il avait trouvé refuge, l'espèce a peu à peu regagné des montagnes plus modestes, où elle prospère : Jura, Vosges, et même mont Ventoux, aux portes de la garrigue méditerranéenne...

Nom scientifique : *Rupicapra rupicapra*. **Famille :** bovidés. **Longueur :** 1,20-1,50 m. **Hauteur au garrot :** 70-85 cm. **Poids moyen :** 25-50 kg. **Habitat :** forêts, falaises et rochers, pelouses, toundra alpine. **Altitude :** montagnard, subalpin, alpin. **Répartition :** Alpes, Massif central, Jura, Vosges.

Dès leur première semaine, les jeunes chamois sont aptes à suivre leur mère dans les pentes les plus escarpées.

En fin d'automne, le rut s'est emparé
des boucs, qui se livrent à d'acrobatiques
et épuisantes poursuites.

La mue d'automne habille les chamois d'une épaisse fourrure sombre. Elle est remplacée l'été par une robe couleur... chamois.

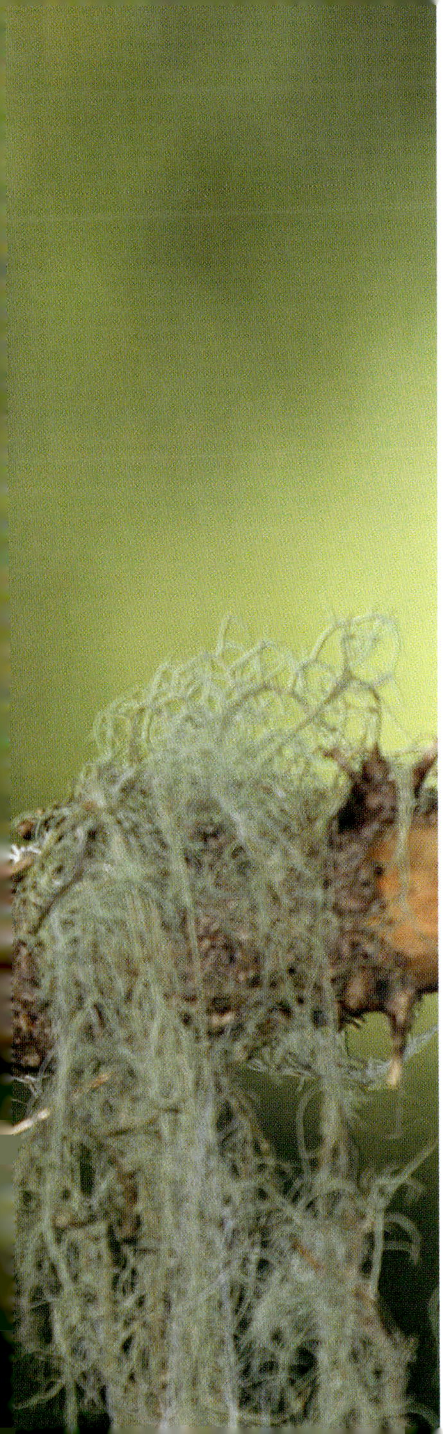

La chevêchette d'Europe

Un sifflement doux et répété a attiré l'attention. Sur la fourche fantomatique d'un pin cembro centenaire, au milieu des lichens, un petit rapace gris aux yeux d'or observe fixement le sol. Quelques pas vers lui et il ne bouge toujours pas, indifférent à cette proximité. Lassée sans doute de ce perchoir, la minuscule chouette en gagne un autre non loin de là, d'un vol direct et déterminé. La chevêchette aime les forêts froides, qu'elle hante aux marges de la nuit à la recherche de ses proies, petits oiseaux et micromammifères. Elle stocke ses victimes dans l'une des loges de pic qu'elle a squattée au sein de son territoire. La loge choisie pour l'élevage des jeunes fera, elle, l'objet d'un constant nettoyage régulier...

Nom scientifique : *Glaucidium passerinum*. **Famille :** strigidés. **Longueur :** 16 cm. **Envergure :** 35 cm. **Poids moyen :** 50-80 g. **Habitat :** forêts. **Altitude :** subalpin. **Répartition :** Alpes, (Massif central), Jura, Vosges.

L'humeur changeante de la chevêchette se traduit par des séries d'attitudes et de mimiques parfois comiques.

Le chevreuil

Une grive musicienne a lancé les premières strophes du concert matinal, le jour va se lever. À l'orée du mélézin, un chevreuil intrigué tape du pied et aboie. Il cherche à identifier les intrus, trois observateurs silencieux et immobiles qui le regardent, calés contre un vieux mélèze. Dans le doute, il prend le parti de s'éclipser et, par bonds légers, disparaît en quelques secondes. Le chevreuil est un nouveau venu dans les Alpes. Quelques décennies ont suffi à son retour dans les forêts de l'étage montagnard (zone des feuillus), puis, plus haut, dans celles du subalpin. Cet ongulé gracile souffre des gros enneigements, qui rendent ses déplacements difficiles et sa nourriture inaccessible.

Nom scientifique : *Capreolus capreolus*. **Famille :** cervidés. **Longueur :** 95-125 cm. **Hauteur au garrot :** 60-85 cm. **Poids moyen :** 15-35 kg. **Habitat :** forêts. **Altitude :** montagnard, subalpin. **Répartition :** tous massifs sauf Corse.

Les aboiements rauques émis par un animal aussi gracieux que le chevreuil peuvent surprendre.

Le chocard à bec jaune

Le sentier qui court sur l'échine de la moraine vient se perdre au pied du glacier. Il ne reste que les pierres sous le soleil lumineux de l'été, rafraîchies par l'eau turquoise qui s'échappe de la voûte bleutée de la langue glaciaire. Posés sagement, quelques chocards sont à l'affût des miettes laissées par les alpinistes. Qu'une brise vienne à les soulever, et aussitôt quelques acrobaties virevoltantes les reposent sur une éminence rocheuse voisine. Les chocards vivent en groupes, particulièrement en hiver, où plusieurs centaines en vol sont rassemblés en tourbillons légers. À cette saison, ils descendent fréquemment en fond de vallée, y compris dans les villages. Ils nichent et dorment en altitude, dans des cavités obscures où ils plongent à toute vitesse.

Nom scientifique : *Pyrrhocorax graculus*. **Famille :** corvidés. **Longueur :** 38 cm. **Envergure :** 75-80 cm. **Poids moyen :** 170-250 g. **Habitat :** falaises et rochers, toundra alpine. **Altitude :** alpin, jusqu'à plus de 4 000 m. **Répartition :** Alpes, Pyrénées, Corse.

Funambules des à-pics, les chocards semblent prendre plaisir à donner le vertige aux alpinistes.

Ce bébé chouette semble aussi étonné de la rencontre que celui qui le regarde !

La chouette de Tengmalm

Il y a dans ce bosquet de mélèzes une effervescence particulière animée par un cortège de petits passereaux. Leur intérêt est focalisé sur une vague silhouette à demi fondue dans la barbe des usnées (lichens arboricoles). La cause de tout ce raffut est bien là : les oiseaux ont débusqué une chouette de Tengmalm et la harcèlent ! Il est cependant rare de pouvoir observer ce discret petit rapace nocturne en plein jour. Vibrant dans le froid des nuits forestières, le chant de la Tengmalm, un doux hululement parfois interminable, porte à plusieurs kilomètres et signifie à ses congénères que le territoire est occupé.

Les disques faciaux, bien marqués chez la chouette de Tengmalm, jouent le rôle de parabole acoustique et optimisent le repérage auditif des proies.

Nom scientifique : *Aegolius funereus*. **Famille :** strigidés. **Longueur :** 25 cm. **Envergure :** 52-58 cm. **Poids moyen :** mâle 90-120 g, femelle 120-210 g. **Habitat :** forêts. **Altitude :** montagnard, subalpin. **Répartition :** tous massifs sauf Corse.

Le cincle plongeur

En ce début d'hiver particulièrement froid, le torrent charrie des glaçons. Posé sur un gros galet gelé, un oiseau rond, noir et blanc, fait nerveusement des flexions, les pieds dans l'eau glacée. Puis il s'élève grâce à quelques battements d'ailes pour se laisser retomber au beau milieu du courant. Quelques secondes plus tard, il refait surface, se laissant dériver comme un bouchon. Le cincle plongeur ne s'éloigne jamais des cours d'eau vive aux eaux claires. Au cours de ses immersions, qui peuvent durer près d'une minute, nageant ou marchant au fond de l'eau, il prospecte à la recherche de sa nourriture, composée principalement d'invertébrés.

Nom scientifique : *Cinclus cinclus*. **Famille :** cinclidés. **Longueur :** 18 cm. **Poids moyen :** 55-75 g. **Habitat :** cours d'eau. **Altitude :** montagnard, subalpin, alpin. **Répartition :** tous massifs.

Après sa quête en apnée, le bec chargé de proies, l'adulte est prêt à aller nourrir sa nichée. Totalement dépendant des eaux courantes, le cincle bâtit parfois son nid derrière une cascade, qu'il traverse en vol !

Le circaète Jean-le-Blanc

À la mi-mars, bien que les rigueurs de l'hiver soient encore à redouter, les coteaux ensoleillés respirent déjà le printemps. Comme piqué dans le ciel bleu qui domine la lande, le circaète évoque un cerf-volant qui résiste au vent de face. Ses longues ailes blanches ondulent pour maintenir sa position, tandis qu'il laisse pendre ses courtes pattes. Depuis ce perchoir virtuel que le vol stationnaire lui procure, la tête maintenue immobile dans l'espace, le circaète scrute le sol à la recherche de quelque serpent. Il est revenu de ses quartiers d'hiver, qui l'ont porté jusqu'en Afrique, au-delà du Sahara. Les ornithologues notent des dates de retour de plus en plus précoces. Le réchauffement climatique est évoqué comme cause possible de cette évolution.

Nom scientifique : *Circaetus gallicus*. **Famille :** accipitridés. **Longueur :** 62-67 cm. **Envergure :** 1,70-1,80 m. **Poids moyen :** 1,8 kg. **Habitat :** forêts, landes. **Altitude :** montagnard. **Répartition :** Alpes, Pyrénées, Massif central, Jura.

Le circaète niche souvent dans les pins. Il se nourrit essentiellement de reptiles, surtout des serpents, qu'il avale entiers.

La coronelle lisse

L'itinéraire chemine sur le flanc sud parmi de vénérables mélèzes au tronc crevassé. Un serpent a traversé le sentier devant les randonneurs, qui sursautent et stoppent net ! Plus apeuré qu'eux, le reptile commence à grimper le long du tronc en s'immisçant dans les reliefs de l'écorce. Le mode de reproduction de la coronelle lisse (les œufs se développent jusqu'à l'éclosion dans le ventre de la femelle) lui a permis de conquérir les versants chauds jusqu'en altitude, où elle cohabite avec la vipère aspic. Si la coronelle ressemble beaucoup à cette dernière, elle est totalement inoffensive ; on la dit même docile... La confusion fréquente entre les deux espèces lui est souvent fatale, en dépit de la protection légale dont elle bénéficie.

Nom scientifique : *Coronella austriaca*. **Famille :** colubridés. **Longueur :** 60 cm. **Poids moyen :** 50-70 g. **Habitat :** landes, rocailles. **Altitude :** montagnard, subalpin, alpin. **Répartition :** tous massifs sauf Corse.

Petits insectes et invertébrés figurent au menu de cette couleuvre montagnarde des adrets capable de se hisser parfois sur le tronc d'un vieux mélèze.

Le coucou gris

Tout le monde a entendu et reconnaît le chant du coucou, mais qui l'a vraiment vu ? S'il ne chantait pas, il passerait totalement inaperçu dans bien des contrées... Le coucou ressemble beaucoup à l'épervier, avec lequel il peut être confondu. Grand migrateur, il regagne l'Europe à partir de la fin mars. Sitôt là, le mâle entonne à tue-tête les deux syllabes qui lui ont donné son nom, à la recherche d'une partenaire. Une fois fécondée, cette dernière déposera ses œufs dans des nids de passereaux, qui nourriront le petit coucou comme leur propre rejeton. En juillet, une partie des oiseaux a déjà pris la route du Sud, dans la plus grande discrétion. Les jeunes devront trouver leur route seuls !

Nom scientifique : *Cuculus canorus*. **Famille :** cuculidés. **Longueur :** 33 cm. **Envergure :** 55-65 cm. **Poids moyen :** 105-130 g. **Habitat :** forêts, landes. **Altitude :** montagnard, subalpin. **Répartition :** tous massifs.

Chaque fois qu'il se pose, le coucou a cette manie de relever très haut la queue, comme pour retrouver son équilibre.

Le crave à bec rouge

En petites troupes bruyantes, les craves tourbillonnent à la recherche d'un courant d'air favorable qui les emportera vers une pelouse où ils pourront se poser à nouveau. Plongeant alors énergiquement leur long bec rouge recourbé, ils extirpent de la terre meuble les invertébrés dont ils raffolent. Que l'un d'entre eux s'envole, et, aussitôt, le petit groupe en fait autant pour se reposer peu après. Les craves nichent et dorment dans les cavités des parois rocheuses. Ces oiseaux noirs et légers, plutôt rares, sont souvent confondus avec leurs cousins les chocards et les choucas. Il suffit d'entendre leurs cris pour les reconnaître, on dirait qu'ils prononcent leur nom : « crave ! ».

Nom scientifique : *Pyrrhocorax pyrrhocorax*. **Famille :** corvidés. **Longueur :** 38 cm. **Envergure :** 75 cm. **Poids moyen :** 280-360 g. **Habitat :** falaises et rochers. **Altitude :** montagnard, subalpin, alpin. **Répartition :** Alpes, Pyrénées, Massif central.

Le bec en pioche des craves est un outil efficace pour fouiller le sol à la recherche d'invertébrés.

L'écureuil roux

Trois bonds gracieux pour traverser le sentier, et hop! l'acrobate est déjà suspendu dans les branches. Toujours curieux et agacé par la présence d'intrus, il manifeste son mécontentement en poussant des cris, avant de s'évader d'arbre en arbre. L'écureuil appartient à cette faune à la fois proche et inaccessible : on le trouve dans le jardin comme dans les forêts d'altitude les plus reculées. Ses populations marquent des fluctuations importantes, liées à la disponibilité alimentaire du moment ou encore aux maladies, qui l'affectent particulièrement quand il est affaibli. L'écureuil gris, originaire d'Amérique du Nord, a été introduit en Europe (Grande-Bretagne, Irlande, Italie, Belgique) il y a quelques décennies. Son extension prévisible menace actuellement l'écureuil roux, l'espèce autochtone.

Nom scientifique : *Sciurus vulgaris*. **Famille :** sciuridés. **Longueur :** 30-50 cm. **Poids moyen :** 200-400 g. **Habitat :** forêts. **Altitude :** montagnard, subalpin. **Répartition :** tous massifs sauf Corse.

Les écureuils ne présentent pas tous un beau pelage roux évoqué par leur nom ; ils sont fréquemment beaucoup plus sombres, presque noirs, particulièrement en montagne.

Le faucon crécerelle

La pelouse alpine s'étend au pied de parois calcaires ocres, percées de cavités. C'est le paradis des crécerelles, qui trouvent là le gîte et le couvert. Qu'importe l'altitude, près du village ou sur les crêtes, les composantes de leur petit paradis sont rassemblées : des rochers et des paysages ouverts. Inlassables chasseurs d'insectes et de petits vertébrés, ils maîtrisent aussi bien le vol sur place que les longs glissés ou les piqués vertigineux. À la fin de l'été, on peut observer ces petits faucons en groupes lâches, faisant le Saint-Esprit (vol sur place) et profitant de la pullulation des criquets dans les alpages.

Nom scientifique : *Falco tinnunculus*. **Famille :** falconidés. **Longueur :** 31-37 m. **Envergure :** 70-80 cm. **Poids moyen :** mâle 190-240 g, femelle 220-300 g. **Habitat :** falaises et rochers, toundra alpine. **Altitude :** montagnard, subalpin, alpin. **Répartition :** tous massifs.

La crécerelle chasse à l'affût, posée ou en vol stationnaire. Au menu : des insectes, des petits rongeurs et des lézards.

Le faucon pèlerin

On lui prête des vitesses dépassant les 300 km/h en piqué. Sa puissance et sa constitution le rendent capable de telles performances, mises à profit dans ses activités de chasseur de haut vol. Le faucon pèlerin en est sans aucun doute le maître incontesté, et s'est spécialisé dans la capture d'oiseaux. Sa proie repérée, il se laisse porter par les courants ascendants, puis fond sur elle et la percute avant de la saisir dans les serres. Il entraîne ensuite sa victime sur l'un de ses perchoirs favoris pour la plumer et la consommer. Le faucon pèlerin niche sur des vires ou dans des trous de rocher, recherchant indifféremment des à-pics vertigineux ou de modestes parois, pourvu qu'elles dominent le paysage, et occupe aussi les bâtiments dans certaines villes.

Nom scientifique : *Falco peregrinus*. **Famille :** falconidés. **Longueur :** 45 cm. **Envergure :** 95-115 cm. **Poids moyen :** mâle 700 g, femelle 1,1 kg. **Habitat :** falaises et rochers. **Altitude :** montagnard, subalpin, alpin. **Répartition :** tous massifs.

Le faucon pèlerin prend soin de plumer longuement ses proies avant de les consommer.

La gélinotte des bois

Sur la neige durcie par le regel, au pied des saules déjà couverts de chatons, quelques minuscules bâtonnets cylindriques de couleur brune sont amassés. En y regardant de plus près, on se fait rapidement une idée de l'auteur de cet « oubli » : une gélinotte des bois a passé la nuit là, abandonnant une poignée de crottes. C'est au cœur des sous-bois denses où s'enchevêtrent noisetiers et autres saules qu'a choisi de vivre ce gallinacé furtif. Très attachée au couvert forestier, la « poule des noisetiers » vit sur un territoire réduit à quelques hectares. Certains individus sont pourtant capables de déplacements significatifs de plusieurs dizaines de kilomètres.

Nom scientifique : *Bonasa bonasia*. **Famille :** tétraonidés. **Longueur :** 35 cm. **Envergure :** 40 cm. **Poids moyen :** 400 g. **Habitat :** forêts. **Altitude :** montagnard. **Répartition :** tous massifs sauf Corse.

Comme tous les galliformes (la grande famille des poules !), la gélinotte marque une préférence pour la marche à pied. En alerte, ce mâle, reconnaissable à sa bavette noire, a redressé sa huppe.

Le grand corbeau

Méprisé à tort, souvent confondu avec les corneilles, cet oiseau très résistant a investi la montagne jusque dans ses recoins les plus inhospitaliers. Il est la voix qui donne de la vie aux vallons perchés, reclus dans leurs murailles de pierre. Les grands corbeaux se déplacent en couples, attentifs à tout ce qui peut se produire dans leur domaine. Ils sont souvent les premiers à approcher un cadavre récent et à entamer le macabre festin. Avec les vautours et d'autres, ils sont les équarrisseurs de la nature. Leur concours à la salubrité du milieu montagnard est important. Intelligent, le grand corbeau sait s'adapter à l'homme. Il marque un vif intérêt pour les lieux de pique-nique, qu'il visite et nettoie sitôt les convives partis…

Nom scientifique : *Corvus corax*. **Famille :** corvidés. **Longueur :** 60 cm. **Envergure :** 1,20 m. **Poids moyen :** 1,2 kg. **Habitat :** falaises et rochers. **Altitude :** montagnard, subalpin, alpin. **Répartition :** tous massifs sauf Ardennes.

Les « crok crok » graves des grands corbeaux sont souvent les seules voix de l'altitude.

Infatigable patrouilleur, le grand corbeau est un excellent planeur.

Le grand-duc d'Europe

La silhouette des grands arbres se découpe sur le ciel rosi par le soir. Au milieu des épicéas, on devine encore le relief encombré de barres de rocher. Soudain, quelques strophes sur deux tons graves résonnent dans la nuit. Un grand-duc va quitter son repaire diurne pour s'élancer dans l'obscurité naissante. Les débris de proies trouvés dans les nids de grands-ducs témoignent de la variété des itinéraires qu'ils couvrent au cours de leurs chasses et de la diversité de leurs proies, qui va du gros coléoptère au renard en passant par le hérisson, victime de prédilection ! En montagne, la tournée des grands-ducs les conduit depuis la rivière, tout au fond de la vallée, jusqu'en altitude, dans le domaine des lagopèdes alpins et des lièvres variables !

Nom scientifique : *Bubo bubo*. **Famille :** strigidés. **Longueur :** 70 cm. **Envergure :** 1,60-1,80 m. **Poids moyen :** mâle 2 kg, femelle 2,5 kg. **Habitat :** forêts, rochers, landes. **Altitude :** montagnard, subalpin. **Répartition :** tous massifs sauf Corse.

Les couleurs feuille-morte du plumage des grands-ducs les camouflent dans leurs gîtes diurnes.

Le grand tétras

Le grand tétras cache son existence mystérieuse au fond des forêts sauvages de résineux (épicéas, sapins, pins) et de hêtres. Chaque printemps, toutefois, cette discrétion laisse place aux fameuses parades nuptiales, occasions de bals spectaculaires. Elles rassemblent sur les « arènes » plusieurs coqs qui s'affrontent pour séduire les poules discrètes attirées sur les lieux. Bien que d'ultimes observations soient encore réalisées en quelques recoins de Haute-Savoie, on doit hélas considérer que la population nicheuse des Alpes françaises s'est éteinte dans les années 1990. On trouve encore ce majestueux oiseau dans le reste de la chaîne alpine, le Jura, les Vosges et les Pyrénées.

Nom scientifique : *Tetrao urogallus*. **Famille :** tétraonidés. **Longueur :** 60-85 cm. **Poids moyen :** mâle 4 kg, femelle 1,8 kg. **Habitat :** forêts. **Altitude :** montagnard. **Répartition :** Alpes, Pyrénées, Jura, Vosges.

Au paroxysme de son chant, queue étalée, plumes du menton hérissées, le grand tétras perd toute notion de prudence !

La grenouille rousse

Vers 2300 m d'altitude, les pentes herbeuses vont bientôt céder la place à la pierraille. Soudain, une grenouille jaillit de la végétation. Cette rencontre, surprenante ici, force l'admiration. Avec d'aussi modestes moyens de déplacement, on se demande comment elle est arrivée à cet endroit. Et pourtant, la grenouille rousse, bien connue des zones de plaine, vit aussi en altitude toute l'année. C'est dans de modestes flaques, souvent à demi enneigées, dispersées sur les replats que les œufs sont déposés au printemps. À la belle saison, les grenouilles parcourent leur espace à la recherche de nourriture. Dès les premiers gels, elles se retranchent dans la vase ou dans quelques anfractuosités du sol pour y passer l'hiver. Des grenouilles rousses ont même été retrouvées hivernant dans la vase du fond de grands lacs alpins.

Nom scientifique : *Rana temporaria*. **Famille :** ranidés. **Poids moyen :** jusqu'à 100 g.
Habitat : milieux humides. **Altitude :** montagnard, subalpin, alpin. **Répartition :** Alpes, Pyrénées, Massif central, Jura, Vosges, Ardennes.

En dehors de la période d'accouplement et de ponte, les grenouilles rousses passent une bonne partie de leur temps à l'écart de l'eau.

Le grimpereau des bois

Les mélèzes aux aiguilles dorées laissent passer le bleu intense du ciel d'automne. Une ronde de passereaux patrouille la forêt, bruyante des cris incessants qui leur permettent de garder le contact entre eux. Au milieu de cette agitation, un petit oiseau gris, couleur d'écorce, explore un tronc de bas en haut avant de passer à l'arbre suivant. Par à-coups, il introduit nerveusement son long bec fin et arqué dans les fissures de l'écorce pour y trouver des insectes. Le grimpereau des bois est un inconditionnel des arbres, et surtout de leurs troncs. Son cousin le grimpereau des jardins lui ressemble comme un jumeau, mais ne le suit pas en montagne au-delà de 1800 m d'altitude.

Nom scientifique : *Certhia familiaris*. **Famille :** certhiidés. **Longueur :** 12 cm. **Poids moyen :** 10 g. **Habitat :** forêt. **Altitude :** montagnard, subalpin. **Répartition :** tous massifs.

Le grimpereau des bois construit souvent son nid derrière l'écorce décollée d'un vieil arbre.

Le grosbec casse-noyaux

Il a neigé toute la nuit. Le paysage ouaté de cette matinée d'hiver va bientôt être éclairé par l'arrivée du beau temps. Autour de la mangeoire, tarins, mésanges, verdiers se disputent la place. Mais quel est donc cet oiseau massif et sans gêne qui vient se poser au beau milieu des graines ? Prenant son temps, il déguste son repas, indifférent à l'impatience montrée par les autres qui papillonnent autour... Le grosbec est un oiseau farouche, discret et difficile à observer. Il niche dans les boisements de feuillus, dans les parcs ou les vergers. Il a développé une musculature des mandibules particulièrement puissante, qui lui permet de casser avec son bec les graines les plus dures. L'aspect massif de son crâne vient de cette particularité.

Nom scientifique : *Coccothraustes coccothraustes*. **Famille :** fringillidés. **Longueur :** 18 cm. **Envergure :** 29-33 cm. **Poids moyen :** 42-62 g. **Habitat :** forêts. **Altitude :** montagnard. **Répartition :** tous massifs.

En hiver, les grosbecs peuvent se regrouper par dizaines pour exploiter les graines dans les parcs et les vergers, dont les samares d'érables, qui sont très appréciées.

Le gypaète barbu

Grand parmi les grands, il est l'élégance faite oiseau. Qu'il rase les versants comme il le fait couramment ou qu'il s'engage dans une série d'orbes en plein ciel, sa silhouette reste toujours impeccable. C'est un dandy ! Ce rapace magnifique est très curieux et vient souvent planer quelques mètres au-dessus de la tête des randonneurs. Inquiets ou émerveillés, ceux-ci conserveront de leur rencontre un souvenir inoubliable. Le gypaète consomme des os, qu'il avale tout rond. Quand ils sont trop gros, il les brise en les lâchant depuis les airs sur des rochers. Les persécutions des siècles passés ont eu raison des derniers gypaètes alpins (les pyrénéens et les corses ont mieux résisté). Le programme de réintroduction en cours dans tout l'arc alpin est en voie de réussir : plus de deux cent cinquante individus volent sur les Alpes aujourd'hui.

Nom scientifique : *Gypaetus barbatus*. **Famille :** accipitridés. **Longueur :** 1-1,15 cm.
Envergure : 2,80 m. **Poids moyen :** 5-7 kg. **Habitat :** falaises, zones ouvertes.
Altitude : subalpin, alpin. **Répartition :** Alpes, Pyrénées, Corse.

La couleur rouille du plastron des gypaètes est acquise par des bains de boue ocre. Le rôle de cette coloration serait essentiellement cosmétique.

Pendant trois ans, les jeunes gypaètes ont la tête sombre. Il leur faudra sept ans pour acquérir le plumage adulte parfait.

Comme chez beaucoup d'oiseaux de montagne, les pattes du gypaète sont emplumées jusqu'aux doigts. Toutes plumes écartées, ce gypaète se prépare à l'atterrissage.

Une hermine marque un bref temps d'arrêt avant de bondir à nouveau et disparaître entre les blocs.

L'hermine

Petit diable bondissant d'un caillou à l'autre, l'hermine se dresse tout à coup, immobile quelques secondes, fixant l'observateur. Bien vite, elle reprend sa course surréaliste, tantôt sous terre, tantôt en l'air... Ce redoutable petit carnassier sème la terreur dans les galeries des campagnols dont il se nourrit. Près des refuges de montagne ou au bord des lacs d'altitude, il n'est pas rare de recevoir la visite insolente de cet animal facétieux, qui n'hésite pas à s'approcher jusqu'à vous toucher si d'aventure vous avez sorti votre pique-nique ! Dès la fin octobre, le brun clair du pelage estival de l'hermine cède la place à une livrée presque entièrement blanche, la rendant moins visible aux yeux de ses proies comme de ses prédateurs dans l'ambiance hivernale.

Seuls le nez, les yeux et le bout de la queue restent noirs en hiver, contrastant avec le pelage blanc comme neige.

Nom scientifique : *Mustela erminea*.
Famille : mustélidés. **Longueur :** 30-50 cm.
Poids moyen : 80-350 g. **Habitat :** prairies, pelouses, toundra alpine.
Altitude : montagnard, subalpin, alpin, nival. **Répartition :** tous massifs sauf Corse.

Comme celui des autres rapaces nocturnes, le plumage soyeux du moyen-duc lui permet un vol silencieux, nécessaire pour surprendre ses proies.

Le hibou moyen-duc

Particulièrement discret, le moyen-duc passe ses journées calé contre un tronc à se faire oublier. Son plumage aux couleurs d'écorce lui facilite bien la tâche. Si d'aventure un intrus tente de s'approcher, il se fait plus fin encore, s'étirant pour finir par ressembler à une branche. Il habite les forêts mixtes ou de résineux, où il chasse principalement les petits rongeurs, campagnols et mulots. Pour nicher, il prend souvent possession d'un vieux nid de corneille ou de pie qu'il occupe tel quel. En hiver, les hiboux moyens-ducs des environs se regroupent sur quelques arpents de forêt. Il en a été dénombré près de quarante dans un gros bosquet de pins à crochets, vers 1 800 m d'altitude.

Ailes en roue et plumage gonflé, ce jeune hibou tente d'intimider les intrus... et ça marche !

Nom scientifique : *Asio otus*.
Famille : strigidés. **Longueur :** 35-40 cm.
Envergure : 90-100 cm.
Poids moyen : 220-300 g.
Habitat : forêts. **Altitude :** montagnard, subalpin. **Répartition :** tous massifs.

L'hirondelle de rochers

Le sentier qui traverse le versant est surplombé par de grandes parois calcaires. Juste devant, une dizaine d'oiseaux brun pâle a improvisé un ballet. Ils montent, descendent, se croisent, puis brusquement font un écart pour attraper un insecte en vol avant de reprendre leurs évolutions. L'hirondelle de rochers porte bien son nom. Pour autant, elle sait, pour y établir son nid, se contenter de bâtiments au cœur des villes ou des villages, ainsi que des ouvrages d'art (ponts, viaducs), constructions qui ne sont au fond pour elle que des... rochers ! C'est la première des hirondelles à revenir de migration, puisqu'on peut l'observer mi-février déjà. C'est aussi la dernière à partir, certains individus pouvant même rester en montagne une partie de l'hiver.

Nom scientifique : *Ptyonoprogne rupestris*. **Famille :** hirundinidés. **Longueur :** 14 cm.
Poids moyen : 20 g. **Habitat :** falaises et rochers. **Altitude :** montagnard, subalpin, (alpin).
Répartition : Alpes, Pyrénées, Corse, Massif central, Jura.

Les hirondelles ont une existence très aérienne.
Ici, ravitaillement en vol d'un jeune individu.

L'isard

L'isard est aux Pyrénées ce que le chamois est aux Alpes : un animal emblématique. Il se différencie du chamois par sa taille plus modeste et surtout par son pelage, agrémenté de la fameuse « écharpe » constituée de deux bandes sombres courant des oreilles aux pattes antérieures. On le trouve en hardes dans les sombres et raides forêts de sapins, sur les pentes escarpées bordant les alpages ou sur les crêtes acérées des sommets pyrénéens. Trop chassé jusque dans les années 1950, il avait un avenir incertain. La création du Parc national des Pyrénées, en 1967, lui a permis de trouver refuge et de prospérer. On compte aujourd'hui près de 30 000 isards sur l'ensemble de la chaîne.

Nom scientifique : *Rupicapra pyrenaica.*
Famille : bovidés. **Longueur :** 1,20-1,30 m.
Hauteur au garrot : 75-80 cm.
Poids moyen : 20-35 kg. **Habitat :** forêts, falaises et rochers, pelouses, toundra alpine. **Altitude :** montagnard, subalpin, alpin. **Répartition :** Pyrénées.

Les études menées par le Parc national des Pyrénées ont montré la très forte influence de l'enneigement sur la survie des isards en hiver, et particulièrement celle des jeunes.

Le lagopède alpin

Mai, 2000 m d'altitude et c'est encore l'hiver. Le lagopède alpin, fidèle parmi les fidèles des lieux les plus inhospitaliers de la haute montagne, a troqué son plumage blanc pur de l'hiver pour une tenue chamarrée, couleur de pierre. Jamais il n'abandonne son désert hostile et grandiose, dans les Alpes comme dans les Pyrénées. Au pire des tempêtes glacées, il est encore là, le seul et le dernier, enfoui dans la neige fraîche à subir en attendant une improbable accalmie. Son admirable résistance aux éléments est le fruit d'adaptations physiologiques et comportementales stupéfiantes : digérer le bois, trouver à se protéger. Pourtant, l'avenir de cet oiseau n'est pas garanti. Il a franchi les épreuves de la nature, mais saura-t-il faire face au réchauffement climatique et au développement d'activités humaines de plus en plus menaçantes en montagne ? Une restriction de sa distribution et une élévation de son habitat sensibles semblent s'opérer depuis ces dernières décennies sous nos latitudes.

Nom scientifique : *Lagopus muta*. **Famille :** tétraonidés. **Longueur :** 37-42 cm. **Poids moyen :** 300-550 g. **Habitat :** toundra alpine. **Altitude :** alpin. **Répartition :** Alpes, Pyrénées.

La présence d'une bande noire reliant l'œil et le bec caractérise le mâle de lagopède alpin. Avec l'œil, le bec et les plumes externes de la queue, ce sont les rares parties de l'oiseau qui ne soient pas blanches en hiver.

Le lagopède subit trois mues par an. Elles lui permettent entre autres d'être en harmonie de couleur avec l'environnement en toute saison.

Le lièvre variable

Cousin du lièvre commun, le «blanchot» des Savoyards, ou «blanchon» des Dauphinois, passe sa vie en altitude, depuis l'étage subalpin des forêts de résineux jusqu'aux crêtes les plus hautes. Résolument nocturne, il parcourt de grandes distances, qu'il signe de belles traces dans la neige fraîche. Les soirs de lune, en hiver, on peut avoir la chance d'assister à des poursuites entre mâles (le bouquinage). Ce ne sont alors que leurs ombres imprécises qui trahissent les passages bondissants de ces petits fantômes blancs. Le jour, le lièvre variable reste camouflé, immobile contre une souche ou au creux d'un rocher : on dit qu'il est gîté.

Nom scientifique : *Lepus timidus*. **Famille :** léporidés.
Longueur : 40-70 cm. **Poids moyen :** 1,5-3,5 kg.
Habitat : forêts, toundras, rochers. **Altitude :** subalpin, alpin. **Répartition :** Alpes, Pyrénées.

Le lièvre variable, gris brun l'été et blanc l'hiver, passe ses journées blotti dans son gîte.

La linotte mélodieuse

Les landes semées de quelques blocs sont insidieusement envahies par des buissons : rosiers sauvages et autres arbustes. Ils préparent l'arrivée de la forêt. L'abandon du pâturage leur facilite la tâche. C'est une question de décennies seulement. En attendant, elles constituent un paysage éphémère, un habitat de transition, où vont et viennent sans cesse de petits oiseaux rougeoyants. Leurs cris de vol nasillards les accompagnent toujours. Posée, la linotte entonne son chant composé de notes variées où l'on retrouve les appels grinçants qu'elle émet en vol. Sa réputation d'étourdie (tête de linotte) viendrait de la désinvolture qu'elle manifeste à choisir l'endroit de son nid, souvent exposé à tous les regards !

Nom scientifique : *Carduelis cannabina*. **Famille :** fringillidés. **Longueur :** 13 cm.
Poids moyen : 17 g. **Habitat :** landes, toundra alpine. **Altitude :** montagnard, subalpin, alpin.
Répartition : tous massifs.

Comme souvent, les mâles à la belle saison arborent un plumage nuptial très coloré.

Le loup gris

Depuis la piste forestière qui s'enfonce dans la nuit, on perçoit au loin les hurlements de la meute. Ils doivent être plusieurs, difficile à dire. Mais ils sont là. Impressionnants. Le loup ne laissera personne indifférent, on l'aime ou on le déteste. Son retour dans les Alpes a bousculé les équilibres, artificiels parfois. Indifférent aux conditions climatiques, endurant à l'effort, intelligent, il peut parcourir de vastes distances pour chasser ou s'installer sur un nouveau territoire. Ses mœurs, bien étudiées, révèlent une vie sociale complexe fondée sur la vie de groupe (la meute), dont la taille est dépendante de l'environnement.

Nom scientifique : *Canis lupus*. **Famille :** canidés.
Longueur : 1,20-2 m. **Hauteur au garrot :** 70-85 cm.
Poids moyen : 20-80 kg. **Habitat :** forêts, toundras.
Altitude : montagnard, subalpin, alpin. **Répartition :** Alpes, Pyrénées.

Tous les sens aux aguets, le loup perçoit et décode les signes de son domaine.

Les loups partagent leur vie sociale
entre câlins et bagarres très codifiés...

Le lynx boréal

Une ombre longe la lisière de la forêt, à peine perceptible dans la mosaïque de lumière filtrée par les frondaisons. Le pelage tacheté du lynx a parfaitement joué son rôle de camouflage. Il reste les traces dans la neige, indiscutables, pour prouver qu'on n'a pas rêvé ! Ce magnifique félin a regagné la forêt française grâce aux programmes de réintroduction dont il a bénéficié. Il est particulièrement discret, et sa présence peut rester longtemps insoupçonnée. Ses proies favorites sont des mammifères de taille moyenne (chevreuils), qu'il capture surtout par surprise. Il est actuellement installé dans les massifs jurassien et vosgien. Depuis quelques années, sa présence est notée de plus en plus régulièrement dans les Alpes.

Nom scientifique : *Lynx lynx*. **Famille :** félidés.
Longueur : 80-130 cm. **Hauteur au garrot :** 55 cm.
Poids moyen : 17-25 kg. **Habitat :** forêts. **Altitude :** montagnard, subalpin. **Répartition :** Alpes, (Pyrénées), Jura, Vosges.

Le lynx, si discret, est aussi très curieux, et peut rester immobile quelques instants, fixant un observateur à quelques dizaines de mètres.

Contrairement à une idée reçue, les marmottes ne sifflent pas, elles crient !

La marmotte des Alpes

Le sentier qui s'élève en lacets dans la sapinière débouche sur l'alpage. De vastes pelouses inondées de soleil succèdent à l'ombre fraîche des vieux arbres. On a changé de monde. Sur une bosse dégagée, une grosse boule de poils est dressée, nez en l'air. Les marmottes sont ici dans leur domaine. Sorties de leur sommeil hivernal mi-mars, elles profitent de la belle saison pour satisfaire les besoins dont leur vie dépend. Elles vivent en colonies de plusieurs dizaines d'individus qui ne se mélangent pas entre elles. Courant octobre, elles retourneront dans leurs terriers pour y dormir profondément pendant six mois. Au cours de cette hibernation, leur activité biologique va se réduire considérablement (température, respiration, rythme cardiaque).

Les marmottons passent beaucoup de temps à jouer autour du terrier, dont ils ne s'éloignent jamais trop.

Nom scientifique : *Marmota marmota.* **Famille :** sciuridés. **Longueur :** 50-80 cm. **Poids moyen :** 2,5-6,5 kg. **Habitat :** pelouses, rochers. **Altitude :** subalpin, alpin. **Répartition :** Alpes, Pyrénées, Massif central.

En sentinelle vigilante, tout individu inquiété avertira ses congénères au moindre danger.

Le martinet à ventre blanc

La pelouse du vallon suspendu vient rejoindre les précipices qui le bordent. Tout au bord du vide, le dernier replat gazonné est un lieu de halte et de méditation, face aux paysages somptueux qu'il domine. Il fait beau et doux. On se laisse prendre par l'harmonie du moment, quand soudain un sifflement fend l'air. Tout près, un martinet à ventre blanc a frôlé le relief. Il est vite rejoint par une dizaine de compagnons venus poursuivre leurs rondes étourdissantes. Les martinets passent leur vie en l'air, ne se posant que pour nicher. Ils se nourrissent d'insectes, qu'ils capturent avec adresse, s'écartant à peine des lignes pures que trace leur sillage.

Nom scientifique : *Tachymarptis melba*. **Famille :** apodidés. **Longueur :** 22 cm. **Envergure :** 55 cm. **Poids moyen :** 100 g. **Habitat :** falaises et rochers. **Altitude :** montagnard, subalpin, alpin. **Répartition :** tous massifs sauf Ardennes.

Dans les virages les plus serrés, le martinet à ventre blanc garde la tête dans le plan horizontal.

La martre des pins

Discrète, essentiellement nocturne, la martre ne se signale le plus souvent que par ses traces, par ailleurs bien difficiles à distinguer de celles de sa cousine la fouine. À la différence de cette dernière, la martre vit principalement en forêt. Très agile, arboricole, elle capture des oiseaux et des mammifères de petite taille. Ce régime carnivore est fortement modifié en été et en automne, où baies et fruits peuvent représenter jusqu'à 70 % de son alimentation. Cette variété dans les menus au cours des saisons semble la mettre à l'abri des chutes d'effectifs de certaines de ses proies.

Nom scientifique : *Martes martes*. **Famille :** mustélidés.
Longueur : 50-80 cm. **Poids moyen :** 0,8-2 kg.
Habitat : forêts. **Altitude :** montagnard, subalpin.
Répartition : tous massifs sauf Corse.

Sans doute plus présente qu'on ne le croit, la martre n'est pourtant que très rarement observée.

Le merle à plastron

Vers 2000 m, la forêt de résineux concède de plus en plus d'espace aux clairières. On se trouve dans la zone dite « de combat ». Sur la cime d'un épicéa, un oiseau noir et blanc lance des strophes au son de crécelle, « kruk, kruk », auxquelles, plus loin, répond un autre chanteur... Le merle à plastron est chez lui dans cette mosaïque où les bosquets côtoient des pelouses fraîches. Il marque une prédilection pour les vers de terre. Quelques bonds, et le voilà qui plonge dans l'herbe, ressortant avec sa proie en travers du bec. Bien vite, il a amassé une belle brochette, qu'il va porter à ses jeunes blottis au nid dans un arbre voisin.

Nom scientifique : *Turdus torquatus*. **Famille :** turdidés. **Longueur :** 24 cm. **Poids moyen :** 110 g. **Habitat :** forêts, landes. **Altitude :** subalpin. **Répartition :** tous massifs sauf Corse.

Le croissant blanc sur la poitrine est présent chez les individus des deux sexes ; les femelles sont cependant moins contrastées.

La mésange alpestre

C'est le tout début du printemps. Le mélézin encore sans aiguilles laisse généreusement passer la lumière qui éclaire de grandes plaques de neige en sursis. En prêtant bien l'oreille, on entend tapoter délicatement contre un tronc, à quelques pas d'ici... C'est là, sur une souche, à quelques dizaines de centimètres du sol, qu'un couple de mésanges alpestres a décidé de s'installer. Les deux petits oiseaux gris sont affairés à creuser et à extraire les copeaux de bois pourris de la petite loge qui sera bientôt leur nid. Avec d'autres, ces acrobates des rameaux passent toute l'année dans leur forêt d'altitude, résistant aux hivers les plus durs.

Nom scientifique : *Poecile montanus montanus*. **Famille :** paridés. **Longueur :** 11 cm. **Poids moyen :** 10 g. **Habitat :** forêts. **Altitude :** montagnard, subalpin. **Répartition :** Alpes, Massif central, Jura, Vosges, Ardennes.

La calotte couleur suie de la mésange alpestre est soulignée par des joues très claires. Elle ressemble comme une jumelle à sa cousine la mésange nonnette et ses vocalisations caractéristiques sont souvent précieuses pour l'en distinguer.

La mésange noire

La mésange noire appartient au cortège des petits passereaux forestiers de montagne. Elle est sans doute la plus commune et la moins exigeante. On la trouve en effet à peu près partout, pourvu qu'il y ait des arbres. Son chant sur deux notes rappelle, en plus doux, celui de la mésange charbonnière. Indifférente à la présence humaine, elle mène ses affaires, suspendue dans les branches, agitée en permanence. Il est arrivé, passant d'un arbre à l'autre, qu'elle fasse une furtive escale sur... la tête d'un observateur médusé ! Proche de la mésange alpestre, elle s'en distingue aisément par la bande blanche qui remonte sur sa nuque. Elle est présente tout l'hiver en montagne.

Nom scientifique : *Periparus ater*. **Famille :** paridés.
Longueur : 11 cm. **Poids moyen :** 8-10 g.
Habitat : forêts. **Altitude :** montagnard, subalpin.
Répartition : tous massifs.

La mésange noire se joint en hiver aux rondes de passereaux qui errent dans la forêt.

Le mâle de monticole égaie de ses couleurs exotiques les rochers d'altitude jusqu'à près de 3000 m.

Le monticole de roche

Un chaos d'énormes blocs rocheux est dispersé au pied de parois ensoleillées. C'est un vrai labyrinthe, à parcourir avec précaution. Perché sur la pointe d'un monolithe, un oiseau coloré de bleu, d'orange, de noir et de blanc, surveille les alentours. En même temps qu'il s'envole, il se met à chanter, s'élève encore puis redescend en plané pour se poser sur un autre pic, exhibant son croupion clair. Jean de La Fontaine, constatant que le ramage se rapportait bien au plumage de cet oiseau splendide, l'aurait qualifié de « Phénix des hôtes de ces... rochers ! ». En plus d'être mélodieux, le chant du monticole de roche est enrichi des voix qu'il a perçues ailleurs et dont il restitue des bribes dans ses refrains flûtés. Dans son habitat montagnard, le lézard vivipare figure fréquemment au sein de son régime alimentaire.

Ce jeune monticole de roche doit attendre l'année suivante pour revêtir le plumage coloré de l'adulte.

Nom scientifique : *Monticola saxatilis*. **Famille :** turdidés. **Longueur :** 19 cm. **Envergure :** 33-37 cm. **Poids moyen :** 42-65 g. **Habitat :** falaises et rochers, milieux ouverts. **Altitude :** subalpin, alpin. **Répartition :** tous massifs sauf Ardennes.

Le mouflon de Corse

Tous les mouflons actuels de France continentale proviennent d'opérations d'introduction. Ils sont issus des populations méditerranéennes, notamment de la population de Corse, elle-même introduite d'Azerbaïjan il y a 8000 ans. À la suite de plusieurs programmes de lâchers, le mouflon occupe à ce jour le quart sud-est de l'Hexagone. Mal adapté à la haute montagne, cet ongulé souffre des hivers très enneigés, auxquels il ne parvient pas toujours à faire face. La présence du loup dans des zones alpines aux conditions sévères a pu disperser les animaux et les repousser vers des habitats qui leur convenaient mieux. Les mouflons vivent en hardes dont la composition se modifie au cours l'année.

Nom scientifique : *Ovis gmelinii*. **Famille :** bovidés. **Longueur :** 1,10-1,30 m. **Hauteur au garrot :** 65-80 cm. **Poids moyen :** 30-50 kg. **Habitat :** forêts, pelouses, rochers. **Altitude :** montagnard, subalpin, alpin. **Répartition :** Alpes, Pyrénées, Corse, Massif central, (Ardennes).

Chez le mouflon, les cornes, recourbées vers l'arrière, sont l'apanage des mâles.

La niverolle alpine

Un ciel de plomb accroche les sommets et semble s'affaisser sur les plateaux d'altitude. Des pierres, partout, et de temps à autre quelques touffes de végétation déjà roussies par les gelées nocturnes. Tout proches, de timides appels témoignent de la vie dans cet environnement austère. Dérangés peut-être, des oiseaux aux ailes blanc et noir s'envolent, semblant jaillir des pierres. Les niverolles de tout le quartier sont rassemblées sur les crêtes en ce début d'automne. Elles ne quitteront ces hauteurs qu'aux pires épisodes de l'hiver. Concentré d'adaptations aux conditions extrêmes, la niverolle se plaît en altitude. Elle niche dans les barres de rochers de la toundra alpine, près des neiges éternelles.

Nom scientifique : *Montifringilla nivalis*. **Famille :** passéridés. **Longueur :** 18 cm. **Envergure :** 34-38 cm. **Poids moyen :** 30-50 g. **Habitat :** toundra alpine, rochers. **Altitude :** alpin, nival. **Répartition :** Alpes, Pyrénées, Corse, Jura, Vosges.

Le bec, jaune en hiver, devient noir en été chez les oiseaux adultes.

L'ours brun

Dans la lande roussie par l'automne, un gros animal dodu fouille le sol. De temps à autre, il retourne un bloc pour y enfouir son museau et en retirer quelque chose qu'il ingère goulûment. Il ne lui reste que quelques jours avant de rejoindre la tanière où il va passer l'hiver, aussi s'empresse-t-il de compléter ses réserves de graisse. Il en aura bien besoin. L'ours brun incarne le caractère sauvage de la nature. Il est à la fois force et fragilité. Les derniers ours de France se comptent sur les doigts des deux mains et tentent de survivre dans les Pyrénées. Dans les Alpes, un petit noyau subsiste dans le Trentin, ainsi que dans la partie orientale, où des individus venus de Slovénie se sont invités.

Nom scientifique : *Ursus arctos*. **Famille :** ursidés. **Longueur :** 1,70-2,50 m. **Hauteur au garrot :** 90-120 cm. **Poids moyen :** 80-150 kg. **Habitat :** forêts. **Altitude :** montagnard, subalpin. **Répartition :** Pyrénées, Alpes.

L'ouïe, et surtout l'odorat, de l'ours brun sont extrêmement performants.

Ces deux ours focalisent leur attention
sur quelque chose qui les intrigue…

La perdrix bartavelle

C'est la célèbre «perdrix royale» de Pagnol dans *La Gloire de mon père*. Son nom scientifique, *graeca*, qui signifie «grecque», évoque ses origines orientales. En France, la répartition de ce galliforme est strictement alpine. Il est ainsi peu probable que les héros de Pagnol l'aient vu un jour... La bartavelle fréquente la montagne jusqu'à 3000 m d'altitude, mais les mauvaises conditions hivernales la contraignent à se rapprocher des fonds de vallée, où on la trouve de temps à autre réfugiée contre un chalet inoccupé. Discrète et mimétique, elle se manifeste surtout par ses caquètements au printemps, durant les parades nuptiales. Ses populations fluctuent de manière importante. Les hivers fortement enneigés entrainent de nombreuses pertes parmi les bartavelles des secteurs alpins les plus septentrionaux.

Nom scientifique : *Alectoris graeca*. **Famille :** phasianidés. **Longueur :** 35 cm. **Poids moyen :** 700 g. **Habitat :** landes rocailleuses. **Altitude :** subalpin, alpin. **Répartition :** Alpes.

Au printemps, contrairement à ses habitudes, la bartavelle se perche en évidence pour chanter.

Le pic épeiche

Un bosquet de peupliers trembles s'est invité parmi les pins sylvestres. Les plus gros de ces arbres au tronc clair et au bois tendre portent la marque de l'occupation par les pics : des trous ! Au pied de l'un d'eux, des copeaux frais jonchent le sol. Une loge est en cours de forage par un pic épeiche. L'oiseau est proche. Il se manifeste bruyamment par des séries de cris nerveux. Puis, sans doute pour affirmer sa présence, il se met à tambouriner. Chaque espèce de pic est identifiable grâce à son tambourinage. C'est un signal territorial ayant valeur de chant ! Le pic épeiche se nourrit dans les arbres, usant de son bec puissant et de sa longue langue collante pour attraper les larves d'insectes arboricoles.

Nom scientifique : *Dendrocopos major*. **Famille :** picidés. **Longueur :** 23 cm.
Envergure : 35 cm. **Poids moyen :** 70-90 g. **Habitat :** forêts. **Altitude :** montagnard, subalpin.
Répartition : tous massifs.

Les plumes de la queue, appelées rectrices, sont bien utiles comme point d'appui le long des troncs.

Le pic noir

« Klieu !... klieu ! ». S'imposant sur les chants de tous les autres, un pic noir posé a lancé son cri puissant. Il dispose également de cris spécifiques quand il vole : « kru ! kru ! kru ! ». Il fore inlassablement des loges de belle taille, de préférence dans les trembles ou les hêtres, mais aussi dans les conifères. On se demande comment il parvient à creuser dans des bois aussi durs. Ces cavités ne seront pas toutes occupées et feront le bonheur d'une multitude de sans-abri, incapables eux-mêmes de creuser le bois : chouettes de Tengmalm, chauves-souris, abeilles, loirs, etc. Le rôle du pic noir est important sur ce point. Son régime alimentaire est fortement marqué par la consommation de fourmis. Il les avale à grands coups de langue, après avoir fouillé leurs gros nids en forme de dôme.

Nom scientifique : *Dryocopus martius*. **Famille :** picidés. **Longueur :** 45 cm. **Envergure :** 65 cm. **Poids moyen :** 300-350 g. **Habitat :** forêts. **Altitude :** montagnard, subalpin. **Répartition :** tous massifs sauf Corse.

L'entrée de la loge du pic noir, assez grande, est de forme ovale.

La pie-grièche écorcheur

Une branche en arc de cercle plus longue que les autres émerge du roncier. Dos roux, masque noir, bec crochu, un mâle de pie-grièche guette sa future victime depuis ce perchoir. La pie-grièche écorcheur est un migrateur au long cours, l'un des derniers à revenir d'Afrique au printemps. Elle s'installe dans les landes et les prairies à condition qu'il y ait des buissons épineux, où elle bâtit son nid. Elle se perche longuement en évidence, à l'affût pour repérer ses proies : gros insectes, petits vertébrés (lézards, micromammifères). Le qualificatif « écorcheur » lui vient d'une pratique dont elle est coutumière : empaler ses proies sur les épines ! On appelle ces garde-manger des « lardoirs ».

Nom scientifique : *Lanius collurio*. **Famille :** laniidés. **Longueur :** 17 cm. **Envergure :** 24-27 cm. **Poids moyen :** 22-47 g. **Habitat :** landes buissonneuses. **Altitude :** montagnard, subalpin. **Répartition :** tous massifs.

Le bec crochu de la pie-grièche évoque celui des rapaces, dont elle a le comportement prédateur.

Le pipit spioncelle

Au mois de juin, la pelouse alpine resplendit des fleurs multicolores du printemps. Parmi les quelques passereaux qui occupent ces vastes espaces ouverts, il en est un dont le comportement retient l'attention. Le pipit spioncelle vole en cercles au-dessus du randonneur, lance des « pit ! pit ! » d'abord bien distincts. Puis, le rythme du chant, lent au départ, s'accélère jusqu'à ce que les notes se confondent... L'oiseau se pose alors, en même temps qu'il se tait. Le pipit spioncelle installe son nid sous une touffe d'herbe. Très méfiant, il ne nourrit pas ses petits s'il se sent observé. En hiver, les oiseaux regagnent les vallées, où ils fréquentent souvent le bord des cours d'eau.

Nom scientifique : *Anthus spinoletta*. **Famille :** motacillidés. **Longueur :** 17 cm. **Envergure :** 23-28 cm. **Poids moyen :** 21-30 g. **Habitat :** pelouses, bord de l'eau. **Altitude :** alpin. **Répartition :** tous massifs.

Le plumage hivernal tacheté de ce pipit spioncelle se teintera de rose au printemps, le temps de la reproduction.

Le renard roux

Dans sa grosse fourrure d'hiver, le renard roux patrouille inlassablement son territoire en quête d'une proie. Si la nuit n'a pas suffi à lui permettre de trouver sa pitance, on le voit alors en plein jour « muloter » au beau milieu d'un champ. Le renard est un prédateur opportuniste, capable de capturer une marmotte comme un campagnol, ou encore de se contenter d'invertébrés ou de baies. En montagne, ses traces témoignent de ses vagabondages jusqu'à plus de 3000 m d'altitude, même en hiver. Sa réputation d'animal malicieux n'est plus à faire, et il a su tirer avantage des activités humaines en profitant des déchets et autres restes laissés aux abords des sentiers et des constructions humaines.

Nom scientifique : *Vulpes vulpes*. **Famille :** canidés. **Longueur :** 80-140 cm. **Poids moyen :** 4-10 kg. **Habitat :** forêts, toundra alpine. **Altitude :** montagnard, subalpin, alpin. **Répartition :** tous massifs.

L'insouciance de ce jeune renard devra bientôt laisser place à la vigilance…

Double page suivante

Très résistant, le renard reste présent en altitude en période hivernale.

Le roitelet huppé

Dans la sombre sapinière, on entend de petits cris que l'on perçoit à peine tant ils sont aigus. Entre les aiguilles, un oiseau minuscule est en pleine activité. Toujours en mouvement, tête en haut ou tête en bas, un roitelet huppé prospecte frénétiquement le cœur des lichens et les fissures de l'écorce. À la manière d'un colibri, il pratique le vol stationnaire un instant, ailes vibrantes, avant de retourner s'éclipser dans les rameaux. Le roitelet huppé est le plus petit oiseau d'Europe. Il vit toute l'année en montagne. Pour équilibrer leur métabolisme, les roitelets sont obligés de se nourrir pendant toute la durée des courtes journées d'hiver. Ils restent cependant fragiles, et les hivers les plus froids peuvent affecter les populations.

Nom scientifique : *Regulus regulus*. **Famille :** sylviidés. **Longueur :** 9 cm. **Poids moyen :** 5-7 g. **Habitat :** forêts. **Altitude :** montagnard, subalpin, alpin. **Répartition :** tous massifs.

En pleine action, le roitelet montre le sommet de son crâne, jaune chez la femelle, orangé chez le mâle.

Le rougequeue à front blanc

Dans cette partie des Alpes, la forêt monte jusqu'à plus de 2400 m d'altitude. Les vieux arbres au tronc tourmenté, à la silhouette en chandelier parfois, dominent un parterre de myrtilles et de rhododendrons. Surprenant en ces lieux, le rougequeue à front blanc est pourtant un hôte naturel des vieilles forêts claires. Il trouve là de nombreuses cavités naturelles et des loges creusées par les pics, qui constituent pour cette espèce des éléments indispensables pour nicher. On trouve aussi ce bel oiseau dans les villages, où il adopte facilement les nichoirs mis à sa disposition. Le rougequeue à front blanc hiverne au sud du Sahara. Le périlleux voyage migratoire peut être fatal à de nombreux individus de cette espèce peu commune.

Nom scientifique : *Phoenicurus phoenicurus*. **Famille :** turdidés. **Longueur :** 14 cm.
Poids moyen : 12-20 g. **Habitat :** forêts, parcs, jardins. **Altitude :** montagnard, subalpin.
Répartition : tous massifs sauf Corse.

Le rougequeue à front blanc chante perché bien en vue, à la cime d'un arbre, sur une branche sèche ou en marge du feuillage.

Apporter la becquée est une tâche épuisante pour cette femelle de rougequeue noir. Elle est pourtant capable de réussir trois nichées par an !

Le rougequeue noir

Il fait encore nuit sur le village. Perché sur l'un des toits, un oiseau chante... c'est le premier. Un chant étrange qui alterne une phrase plutôt mélodieuse avec un bruit de papier froissé ! Le rougequeue noir aime les rochers, son habitat originel, qu'il a étendu aux habitations. S'il est commun de l'observer dans les villes et les villages, c'est aussi l'un des rares passereaux à nicher en altitude. L'été, il y trouve les éléments nécessaires à son existence. Il dispose de suffisamment de crevasses et de cavités dans les recoins rocheux pour installer son nid, d'insectes pour se nourrir et de perchoirs bien en vue, indispensables pour lancer son chant et repérer ses proies. En hiver, la plupart des rougequeues quittent les montagnes.

Perché verticalement, le mâle de rougequeue noir est à l'affût, queue tremblante.

Nom scientifique : *Phoenicurus ochruros*. **Famille :** turdidés. **Longueur :** 14 cm. **Poids moyen :** 14-20 g. **Habitat :** falaises et rochers, villages. **Altitude :** montagnard, subalpin, alpin. **Répartition :** tous massifs.

La rousserolle verderolle

Un chant discret mais d'une grande richesse mélodique jaillit du fouillis buissonneux de ce petit vallon frais. Il faudra un peu de patience et d'attention pour apercevoir enfin un petit oiseau brunâtre, sans cesse en mouvement et difficile à repérer. La rousserolle verderolle est timide. Elle dissimule la plus grande partie de son activité dans la brousse épaisse des aulnes verts et des saules. Mais qu'importe de la voir, c'est le chant de cette petite fauvette migratrice qui force l'admiration. On reconnaît pêle-mêle, dans l'époustouflant concert d'imitations qu'elle donne depuis son perchoir, les oiseaux qu'elle a entendus lors de ses périples : mésanges, alouette, hirondelle, passereaux africains… La verderolle raconte ses voyages.

Nom scientifique : *Acrocephalus palustris*. **Famille :** sylviidés. **Longueur :** 12 cm. **Poids moyen :** 13 g. **Habitat :** prairies humides, buissons. **Altitude :** montagnard, subalpin. **Répartition :** Alpes, Jura, Vosges, Ardennes.

Les rousserolles sont très difficiles à distinguer les unes des autres ; leur chant très prolixe est le critère le plus sûr.

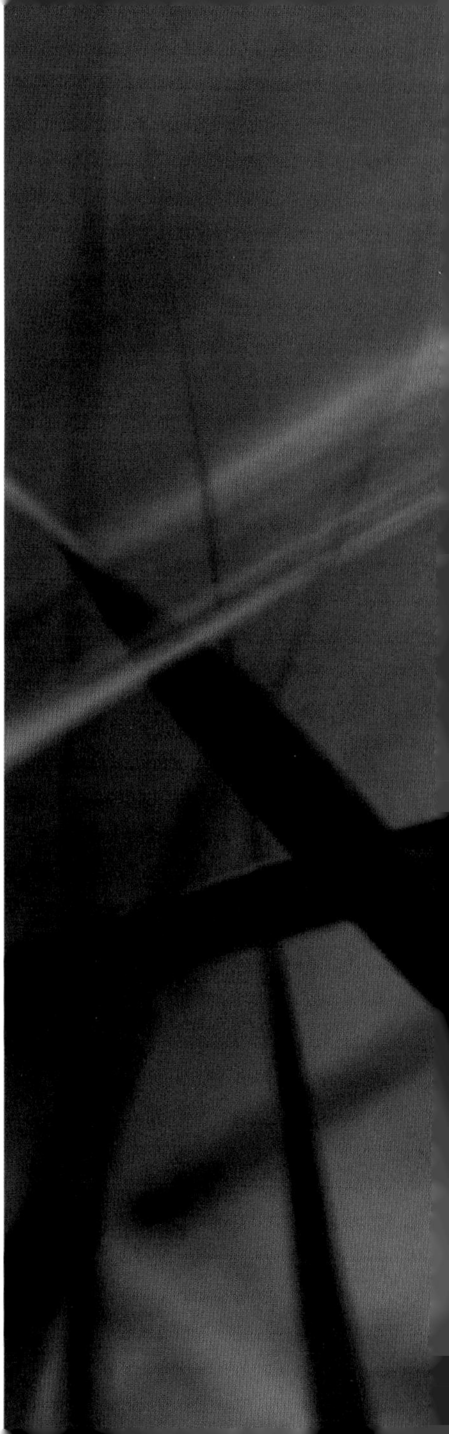

La salamandre noire

La pluie a cessé, mais des bancs de brume stationnent au-dessus des arbres qui s'égouttent sur les randonneurs à leur passage... Entre deux massifs de genévriers nains, un petit animal noir et luisant se déplace laborieusement, trébuchant à chaque obstacle. Une salamandre noire a profité de l'humidité pour sortir de son gîte en pleine journée. Rarissime en France, cette salamandre ne se rencontre que dans les Alpes du Nord. Une espèce voisine a été décrite par les scientifiques en 1988, la salamandre de Lanza, endémique autour du mont Viso. Noire également, elle est un peu plus grande que sa cousine. Chez ces espèces d'altitude, vivipares, la gestation peut prendre plusieurs années, en raison de la très courte période d'activité annuelle.

Nom scientifique : *Salamandra atra*. **Famille :** salamandridés. **Longueur :** 16 cm. **Poids moyen :** 50 g. **Habitat :** forêt, toundra alpine, éboulis. **Altitude :** subalpin, alpin. **Répartition :** Alpes.

L'aspect brillant de la salamandre noire provient de sécrétions de sa peau et non d'un comportement aquatique.

La salamandre tachetée

La hêtraie alentour est encombrée de chablis et de bois mort. Un petit ruisseau descend en cascade les affleurements calcaires recouverts de mousses. Non loin de là, sur le sentier, une salamandre jaune et noire traverse lentement, un peu pataude. À l'exception des jours de pluie, il est rare de pouvoir observer une salamandre tachetée en plein jour. C'est un animal nocturne qui ne s'éloigne pas de son gîte, généralement un abri humide, sous des pierres ou des écorces. Contrairement à la croyance générale, c'est un amphibien terrestre, seule la larve est aquatique. La salamandre possède la faculté exceptionnelle de régénérer les parties blessées ou perdues de son corps !

Nom scientifique : *Salamandra salamandra*.
Famille : salamandridés. **Longueur :** 20 cm.
Poids moyen : 50 g. **Habitat :** forêts.
Altitude : montagnard, subalpin.
Répartition : Alpes, Pyrénées, Massif central, Jura, Vosges, Ardennes (une espèce très proche en Corse).

C'est dans la mousse et dans les sous-bois humides que vit la salamandre tachetée.

Le sanglier ne craint pas la neige tant que la couche n'est pas trop épaisse ; sinon, ses déplacements deviennent exténuants.

Le sanglier

Cet animal puissant est parvenu à coloniser la montagne, où son installation a souvent été favorisée par des opérations de lâchers. Il est doté d'une intelligence exceptionnelle et de grandes facultés d'adaptation. Il se réfugie souvent dans les ravins broussailleux impénétrables de fond de vallée. Pour autant, il est noté de plus en plus fréquemment dans des zones d'altitude, où il commet quelques dégâts jusque dans les alpages. Les sangliers vivent en groupes (les compagnies) comprenant essentiellement des femelles et des jeunes. Devenus adultes, les mâles en sont rapidement évincés et vivront en grande partie solitaires le reste de leur vie.

Les rayures que portent les marcassins (jeunes sangliers) contribuent à les camoufler.

Nom scientifique : *Sus scrofa*.
Famille : suidés. **Longueur :** 1-1,70 m.
Hauteur au garrot : 90 cm.
Poids moyen : 50-150 kg.
Habitat : forêts. **Altitude :** montagnard, subalpin. **Répartition :** tous massifs.

La sittelle torchepot

De vieux arbres oubliés des bûcherons résistent au temps. Ils ont subi les nombreuses visites des pics, qui y ont installé leurs quartiers, perforant troncs et branches… Profitant des loges déjà creusées, la sittelle en quête de cavités en a choisi une à son goût. Comme elle est exigeante, elle va ajuster à sa mesure la taille de l'orifice d'entrée en le maçonnant. Cet oiseau arboricole court le long des troncs à la montée comme à la descente. Il est sans doute le seul à pouvoir le faire tête en bas ! La sittelle possède un registre vocal étendu, dont certains cris rappellent à s'y méprendre un sifflement humain. On la trouve depuis les vergers jusque dans les forêts d'altitude.

Nom scientifique : *Sitta europaea*. **Famille :** sittidés. **Longueur :** 14 cm. **Poids moyen :** 17-24 g. **Habitat :** forêts, parcs arborés. **Altitude :** montagnard, subalpin. **Répartition :** tous massifs sauf Corse (en Corse, vit une sittelle endémique, la sittelle corse).

Gracieuse dans toutes les positions,
la sittelle défie les lois de la pesanteur.

Le sizerin flammé

C'est dans les «arcosses», ou «vernes», noms locaux des broussailles fraîches et humides d'aulnes verts et de saules d'altitude, que le minuscule sizerin passe l'été. Quand ils ne sont pas perchés à la cime d'un bouleau ou d'un mélèze, les sizerins vont et viennent, poussant leurs cris particuliers rappelant les anciennes sonneries de téléphone ! Peu farouches, ils semblent indifférents à la présence humaine. Ils bâtissent un nid dans les buissons, parfois sur la branche latérale d'un arbre dominant. Outre les fines brindilles et autres matériaux qu'il emploie traditionnellement, on a trouvé un nid composé de papier toilette rose, qui tenait lieu de drapeau...

Nom scientifique : *Carduelis flammea*. **Famille :** fringillidés. **Longueur :** 13,5 cm. **Poids moyen :** 10-14 g. **Habitat :** forêts, buissons. **Altitude :** subalpin. **Répartition :** Alpes, Massif central, Jura, Vosges, Ardennes.

Un sizerin perché exhibe la tache rouge qui orne son front.

Le tarin des aulnes

L'automne s'achève et la nature est devenue silencieuse. En même temps que le froid, le nord a soufflé sur les montagnes de l'Europe moyenne une multitude d'oiseaux. Ils s'abattent en nuées sur les friches ou dans les boisements de feuillus bientôt dégarnis où ils vont passer un hiver supportable. Dans un bouleau ou un hêtre, ils sont plus de cent tarins des aulnes, suspendus et bruyants, à se nourrir de graines. Les troupes de tarins fréquentent régulièrement les mangeoires en compagnie des autres passereaux. Le tarin est surtout connu comme visiteur d'hiver. Il se reproduit sporadiquement dans les forêts de résineux au-dessus de 1 000 m, mais ses effectifs comme sa distribution sont très variables d'une année à l'autre.

Nom scientifique : *Carduelis spinus*. **Famille :** fringillidés. **Longueur :** 12 cm. **Poids moyen :** 10-14 g. **Habitat :** forêts. **Altitude :** montagnard, subalpin. **Répartition :** tous massifs.

Appartenant au groupe des petits passereaux jaunes, le tarin est souvent confondu avec le serin, le verdier ou le venturon montagnard.

Le tétras lyre

Le farouche tétras lyre devient très démonstratif au printemps. Les mâles se rassemblent alors sur des places de chant ancestrales (les arènes, ou *leks*) pour des exhibitions matinales spectaculaires. Les plus valeureux parmi les coqs auront peut-être la faveur des femelles qui, cachées non loin de là, observent le manège. Pour résister au froid nocturne de l'hiver et échapper aux prédateurs, ce tétras creuse dans la neige de petites galeries qui le dissimulent et l'isolent. Les adaptations qui lui ont permis de survivre dans des conditions aussi sévères n'avaient pas prévu le développement du ski en poudreuse, qui conduit les skieurs dans leurs derniers refuges, provoquant des envols inutiles et coûteux en énergie.

Nom scientifique : *Tetrao tetrix*. **Famille :** tétraonidés. **Longueur :** 50-60 cm. **Envergure :** 60-80 cm. **Poids moyen :** mâle 1,2 kg, femelle 800 g. **Habitat :** forêts, landes. **Altitude :** subalpin. **Répartition :** Alpes, Ardennes.

Beaucoup plus discrètes que les mâles rutilants, les poules de bruyère ne perdent pas une miette du spectacle que ces derniers leur offrent !

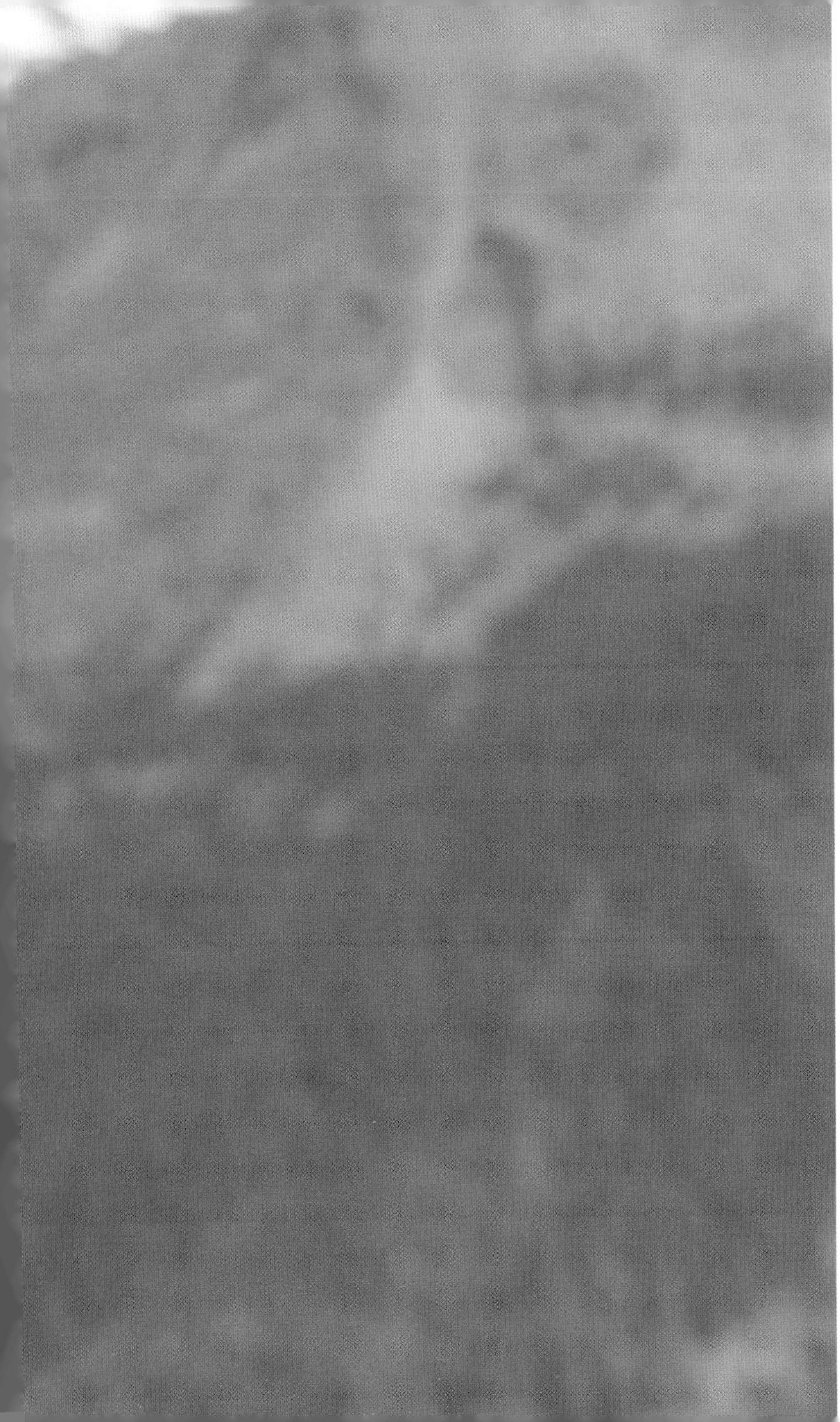

Le tétras lyre doit son nom à
la forme des plumes de sa queue.

Le tichodrome échelette

Le « coureur de murailles » (traduction littérale de son nom scientifique) compte parmi les plus beaux oiseaux d'Europe. À la beauté naturelle des formes et des couleurs, il ajoute la délicatesse des évolutions. Souris grise arpentant la paroi, il devient éventail multicolore et papillonnant en vol. Bien vite, le parcours aérien hésitant du tichodrome le ramène contre les rochers, où il passe toute son existence. Il est capable de se laisser admirer à quelques mètres comme de changer brusquement de versant. Cris et chant, aigus et émouvants, complètent le tableau de cet oiseau aussi étrange qu'extraordinaire. S'il peut passer l'été sur les crêtes à plus de 3000 m d'altitude, il investit les édifices de la vallée dès que le mauvais temps l'en chasse.

Nom scientifique : *Tichodroma muraria*. **Famille :** tichodromadidés. **Longueur :** 16 cm. **Poids moyen :** 15-20 g. **Habitat :** falaises et rochers. **Altitude :** subalpin, alpin. **Répartition :** tous massifs sauf Ardennes.

Le tic nerveux du tichodrome qui ouvre les ailes par saccades pourrait être interprété comme de la coquetterie… les perles blanches qui parsèment ses ailes rouges et noires valent pourtant bien d'être exhibées.

Le traquet motteux

Une vague lueur annonce le lever du jour sur l'alpage encore couvert de grandes plaques de neige. Dans quelques minutes, il y aura « l'heure bleue », un instant magique de lumière bleutée. Dans ce désert gelé du premier printemps, un petit oiseau posé sur une bosse déneigée lance une strophe nerveuse, ponctuée de « tac tac ». Il porte un plumage contrasté, avec notamment un T noir inversé sur le blanc de la queue. Le « cul blanc », ou traquet motteux, est chez lui dans les vastes zones dégagées à condition qu'émergent de temps en temps de petites bosses qui sont autant de perchoirs. Grand migrateur, il fait partie des rares oiseaux à nicher en haute altitude, jusqu'à près de 3000 m.

Nom scientifique : *Oenanthe oenanthe*. **Famille :** turdidés. **Longueur :** 14-16 cm. **Poids moyen :** 17-30 g. **Habitat :** toundra alpine, milieux ouverts. **Altitude :** montagnard, subalpin. **Répartition :** tous massifs sauf Ardennes.

Tout jeune déjà, le traquet motteux sait se percher sur de petites éminences. Aussi gros que ses parents, il n'en a pas encore le plumage contrasté.

Le triton alpestre

Petits miroirs au milieu des étendues vert tendre, quelques flaques parsèment l'alpage. À y regarder de plus près, une étrange activité anime ces réservoirs naturels : les tritons alpestres s'affairent à leurs parades amoureuses, annonçant ainsi les générations à venir. Plus petits, aux couleurs vives, les mâles courtisent leurs compagnes en leur tournant autour. Leur queue recourbée vers l'avant et frétillant, ils les tapotent du museau, remontant régulièrement à la surface, le temps de reprendre une bouffée d'air. Une fois fécondés, les œufs pondus seront, l'un après l'autre, délicatement collés par la femelle à des feuilles de végétaux aquatiques. Plus tard, des têtards s'en échapperont et se développeront lentement jusqu'à devenir adultes. Dans cette eau, souvent froide à ces altitudes, leur métamorphose peut en effet s'étaler sur plusieurs années.

Nom scientifique : *Ichthyosaura alpestris*. **Famille :** salamandridés. **Longueur :** 8-12 cm. **Poids moyen :** 2-5 g. **Habitat :** milieux humides. **Altitude :** montagnard, subalpin, alpin. **Répartition :** Alpes, Massif central, Jura, Vosges, Ardennes.

En période de reproduction, le mâle de triton alpestre porte une crête sur le dos et des taches noires sur ses flancs bleutés.

Le troglodyte mignon

Le lumineux mélézin a concédé quelques arpents à des broussailles au milieu d'un fatras de rochers. Une minuscule boule rousse va et vient, très affairée, surgissant d'un rhododendron pour aussitôt replonger dans le cœur d'un genévrier nain. Cette frénésie de mouvement n'est rien au regard du volume sonore des productions vocales du troglodyte. Perché en vue sur une souche, le voilà qui lance sa phrase au rythme effréné. Bec grand ouvert, queue en l'air, tout son petit corps est agité par l'intensité et la fougue qu'il met dans le chant. Ce tout petit parmi les oiseaux est pourtant connu pour ses frasques, puisqu'il n'est pas rare qu'un mâle convole avec plusieurs femelles en même temps !

Nom scientifique : *Troglodytes troglodytes*.
Famille : troglodytidés. **Longueur :** 9-10 cm. **Poids moyen :** 8-13 g. **Habitat :** forêts, buissons. **Altitude :** montagnard, subalpin. **Répartition :** tous massifs.

Toujours très excité, le troglodyte mignon tient sa queue dressée en toutes circonstances.

Le vautour fauve

Le vol tournoyant des grands vautours fait de nouveau partie de la vie sauvage des Alpes ! S'ils n'ont jamais quitté les Pyrénées, ils avaient disparu du ciel alpin depuis plusieurs générations. Les réintroductions engagées dans les Grands Causses et les Préalpes ont rétabli un équilibre oublié, entre pastoralisme et nature. Peu à peu, les vautours fauves y retrouvent leur place et leurs habitudes, jusqu'en haute montagne. Rien n'échappe au ratissage auquel ils procèdent en groupes. Ces patrouilleurs infatigables recherchent les cadavres. Qu'ils en découvrent un et c'est aussitôt la curée. Il leur suffira de quelques heures pour faire disparaître la charogne. Ils reprendront alors leur vol paisible vers d'autres alpages.

Nom scientifique : *Gyps fulvus*. **Famille :** accipitridés.
Longueur : 95-105 cm. **Envergure :** 2,50-2,80 m.
Poids moyen : 8-11 kg. **Habitat :** falaises et rochers.
Altitude : montagnard (incursions en altitude).
Répartition : Alpes, Pyrénées, Massif central.

Bien calé sous ses larges ailes, ce vautour fauve est prêt à parcourir d'immenses distances.

Une telle envergure, confortable en vol, nécessite une bonne maîtrise lors des manœuvres de décollage comme d'atterrissage.

Le venturon montagnard

À la limite supérieure de la forêt, vers la cime des quelques épicéas rabougris qui parsèment la lande, de petits passereaux s'activent, passant d'arbre en arbre. Ils émettent de petits cris doux caractéristiques. Le venturon montagnard, petit oiseau sociable, est ici dans un habitat qu'il affectionne, et où il niche en petites colonies lâches. Lisières, clairières, pâturages et rocailles sont également appréciés. Après la saison des nids, on voit le venturon vagabonder çà et là, souvent à proximité des chalets, à la recherche de graines. L'arrivée de la mauvaise saison le verra déserter les massifs élevés, parfois par groupes de plusieurs centaines, pour des montagnes plus basses, voire pour la plaine. Sur l'île de Beauté, une espèce proche, le venturon corse, vit jusque sur le littoral.

Nom scientifique : *Serinus citrinella*. **Famille :** fringillidés. **Longueur :** 12 cm.
Poids moyen : 11-14 g. **Habitat :** forêts, landes, pâturages. **Altitude :** montagnard, subalpin.
Répartition : Alpes, Pyrénées, Massif central, Jura, Vosges.

Le bec droit et conique du venturon indique son régime granivore.

La vipère aspic

Immobile, lovée sur le sommet d'un bloc, une vipère aspic semble vouloir profiter au mieux de la chaleur du versant ensoleillé. Comme chez les autres animaux dits « à sang froid », son métabolisme est directement lié à la température ambiante. La couleur générale de sa robe surprend souvent par sa variabilité. Selon les individus, elle peut être grise ou totalement noire, ou encore passer par des teintes beiges, brunes ou rousses. Les formes noires (mélaniques) sont fréquentes en altitude. La mélanine, pigment présent dans les cellules de l'épiderme, permet un réchauffement plus rapide tout en jouant un rôle d'écran protecteur contre les rayonnements ultraviolets très intenses.

Nom scientifique : *Vipera aspis*.
Famille : vipéridés. **Longueur :** jusqu'à 75 cm. **Poids moyen :** 100-250 g.
Habitat : rocailles, broussailles, lieux secs et chauds. **Altitude :** montagnard, subalpin, alpin. **Répartition :** Alpes, Pyrénées, Massif central, Jura, Vosges.

La pupille verticale et le nez retroussé comptent parmi les critères de reconnaissance de la vipère aspic.